新编学生国学丛书

# 淮南子

茅盾 选注
卢福咸 校订

中国文史出版社

**图书在版编目（CIP）数据**

淮南子/茅盾选注；卢福咸校订．——北京：中国文史出版社，2019.7

（新编学生国学丛书/缪天绶等主编）

ISBN 978-7-5205-1425-5

Ⅰ．①淮… Ⅱ．①茅… ②卢… Ⅲ．①杂家－中国－西汉时代②《淮南子》－注释 Ⅳ．①B234.4

中国版本图书馆CIP数据核字(2019)第245107号

责任编辑：金 硕

出版发行：**中国文史出版社**
社　　址：北京市海淀区西八里庄路69号院　　邮　　编：100142
电　　话：010-81136606　81136602　81136603　81136605（发行部）
传　　真：010-81136655
印　　厂：北京温林源印刷有限公司
经　　销：全国新华书店
开　　本：880mm × 1230mm　1/32
印　　张：5.375
字　　数：108千字
版　　次：2020年2月北京第1版
印　　次：2020年2月第1次印刷
定　　价：22.80元

# 总　序

冯天瑜

作为汉字古典词，“国学”本谓周朝设于王城及诸侯国都的贵族学校，以与地方性、基层性的“乡校”“私学”相对应。隋唐以降实行科举制，朝廷设“国子监”，又称“国子学”，简称“国学”，有朝廷主持的国家学术之意。

时至近代，随着西学东渐的展开，与来自西洋的“西学”相比配，在汉字文化圈又有特指本国固有学术文化的“国学”一名出现。如江户幕府时期（1601—1867）的日本人，自18世纪起，把流行的学问归为三类：汉学（从中国传入）、兰学（从欧美传入，19世纪扩称洋学）、国学（从《古事记》《日本书纪》发展而来的日本固有学术）。19世纪末、20世纪初，中国留日学生与入日政治流亡者，以及活动于上海等地的学人，采借日本已经沿用百余年的“国学”一名，用指中国固有的学术文化。1902年梁启超（1873—1929）撰文，以“国学”与“外学”对应，强调二者的互动共济，梁氏曰：“今日欲使外学之真精神普及于祖国，则当转输之任者，必邃于国学，然后能收其效。”（《论中国学术思想变迁之大势》）1905年国粹派在上海创办《国粹学报》，公示“发明国学，保存国粹”宗旨。这里的“国学”意为“国粹之学”。该刊发表章太炎（1869—1936）、刘师培（1884—1920）、陈去病（1874—1933）等人的经学、史学、诸子学、文字训诂方面文章，以资激励汉人的民族精神与文化自信。从此，中国人开始在“中国固有学术文化”意义上使用“国学”一词，为“国故之学”的简称。所谓“国故”，指中国传统的学术文化之故实，此前清人多有用例，如魏源（1794—1857）认为，学者不应迷恋词章，学问要从“讨朝章、讨国故始”（《圣武记》卷一一），这“讨国故”的学问，也就是后来所谓之国学。

经清末民初诸学者（章太炎、梁启超、罗振玉、王国维、刘师培、黄侃、陈寅恪等）阐发和研究，国学所涉领域大定为：小学、经学、史学、诸子、文学，约与现代人文学的文、史、哲相当而又加以综汇，突现了中国固有学术整体性特征，可与现代学校的分科教学相得益彰、彼此促进，故自 20 世纪初叶以来，“国学”在中国于起伏跌宕间运行百年，多以偏师出现，而时下又恰逢勃兴之际。

中国学术素有“文、史、哲不分家”的传统，中国学术的优势与缺陷皆与此传统相关。百年来的中国学校教育仿效近代西方学术体制，高度分科化，利弊互见。其利是促进分科之学的发展，其弊是强为分割知识。为克服破碎大道之弊，有人主张打通文、史、哲壁垒，于是便有综汇中国人文学的“国学”之创设，并编纂教材，进于学校教育、家庭教育、社会教育，其先导性教材结集，为20世纪20年代至30年代原商务印书馆由王云五策划并担任主编的《万有文库》之子系《学生国学文库》。所收均为四部重要著作。略举大凡：经部如诗、礼、春秋，史部如史、汉、五代，子部如庄、孟、荀、韩，并皆刊入；文辞则上溯汉、魏，下迄近代，诗歌则陶、谢、李、杜，均有单本，词则多采五代、两宋。丛书凡 60 册，已然囊括了“国学”之精粹。其鲜明之特色是选注者掺入了对原著的体味，经史诸书选辑各篇，以表见其书、其作家之思想精神、文学技术、历史脉络者为准。其无关宏旨者，概从删削、剔抉。选注者中不乏叶圣陶、茅盾、邹韬奋、傅东华这样的学界翘楚。他们对传统国学了然于胸，于选注自然是举重若轻，驾轻就熟。这样一份业经选注者消化、反刍的国学精神食粮自然更便于国学入门者吸收。

这样一套曾在 20 世纪初在传播传统文化、普及国学知识方面起到重要的作用的丛书即便今天来看也是历久弥新。中国文史出版社因应时势，邀约深谙国学之行家里手于原辑适当删减、合并、校勘，以 30 册 300 余万言，易名《新编学生国学丛书》呈献当今学子。诸书均分段落，作标点，繁难字加注音，以便省览。诸书原均有注释，古籍异释纷如，原已采其较长者，现做适当取舍、增删。诸书较为繁难、多音多义之字，均注现代汉语拼音，以便讽颂。诸书卷首，均有选注者序，述作者生平、本书概要、参考书举要等，凡所以示读者研究门径者，不厌其详，现一仍其旧。

这样一套入门的国学读物，读者苟能熟读而较之，冥默而求之，国学之精要自然神会。

是为序。

# 校订说明

丛书原名《学生国学文库》，为 20 世纪二三十年代商务印书馆王云五主编《万有文库》之子系，现易名《新编学生国学丛书》，奉献给广大国学爱好者。

原丛书共 60 种，考虑到难易程度、四部平衡、篇幅等因素，在广泛征求专家意见基础上，现删减为 34 种 30 册。

基本保留了原书的篇章结构。因应时势有极少量的删节。

原文部分，均选用通用、权威版本全文校核，参以校订者已见做了必要的校核和改订。为阅读的通顺、便利，未一一标注版本出处。

注释根据原文的结构分别采用段后注、文后注，以便读者省览。原注作了适当增删，基本上保持原文字风格，之乎者也等虚词适当剔除，增删力求通畅、易懂，避免枝蔓。典实、注引做了力所能及的查证，但因才学的有限疏漏可能在所难免。

原书为繁体竖排，现转简体横排。简化按通行规则，但考虑到作为国学读物，普及小学知识亦在情理之中，故而保留了少量通假字、繁体字、异体字，一般都出注说明。或许亦可增加读者的阅读兴趣和扩大知识面。

生僻、多音字作相应注音，原反切、同音、魏妥玛注音，均统一改现代汉语拼音。

国学读物校订，工作浩繁，往往顾此失彼，多有不当处，还望读者指正。

# 凡　例

一、《淮南子》非一人撰著，非一家之言，故全书无所谓“中心思想”。此编所选，无非根据选者主观的嗜好，并无若何深长之意义。

二、此书旧注有通行本之高诱注及道藏本之许慎注。高注既非全璧，许注亦属冒称。近代作者如高邮王氏、德清俞氏，考订此书，用力颇劬，发明甚多。现代刘文典搜集众说，间附己意，为《淮南鸿烈集解》，翻阅甚便。今注所选各篇，即以《集解》为底本，但取解释明白，不复详其出处，此则无非要节省读者的时间而已。

三、标点所用之本，为浙江局刻庄鸿逵校本。遇有讹字衍文为各家所已证明者则于字加上［ ］符号，而注改正之字于右侧。

# 绪　　言

## 一

《淮南子》二十一篇，旧题汉淮南王刘安撰。据《汉书》（卷四十四）记载，安“招致宾客、方术之士数千人，作为内书二十一篇，外书甚众；又有中篇八卷，言神仙黄白之术，亦二十余万言……初安入朝，献所作内篇，上爱秘之。”则此书实系刘安所招的宾客合作，而归名于安，犹《吕氏春秋》之称吕不韦撰。

安是淮南厉王长的长子，所以书中“长”字皆避讳作“修”。长是高祖之子，赵美人所生。文帝时，厉王有罪，徙蜀；厉王恚甚，道中不食而死。文帝悲悔，乃封长四子为侯，安为阜陵侯。时民间歌曰：“一尺布，尚可缝；一斗粟，尚可舂；兄弟二人不相容。”文帝闻之曰：“昔尧、舜放逐骨肉，周公杀管、蔡，天下称圣；不以私害公，天下岂以为我贪淮南地耶。”乃以淮南故地分封长三子，其一已死，安袭封淮南王。安为人好书鼓琴，善文艺。时武帝方好艺文，以安属为诸父，辩博善为文辞，甚尊重之。每为报书及赐，常召司马相如等视草稿，乃发。时武帝无子，大臣（田蚡）有与安结好，私谓曰：“方今上无太子，王亲高皇帝孙，行仁义，天下莫不闻。宫车一日晏驾，非王尚谁立者？”而淮南宾客又多江淮间轻薄不逞之徒，以厉王迁死道中感激安。安由是蓄逆谋，与宾客左吴、赵贤、朱骄如等谋，皆以为什八九成。独伍被力阻，后亦赞从，为安画策。事未成，谋泄，被自首与淮南王谋反情形。武帝使宗正持符节治安，安自杀，国除为郡。事见《汉书》本传。

本传说，安招致宾客，作为内书二十一篇，外书甚众，又有中篇八卷，言神仙黄白之术，亦二十余万言。今考《汉书·艺文志·诸子杂家》之部著录《淮南内》二十一篇，《淮南外》三十三篇（师古注：内篇论道，外篇杂说）。又《赋》部著录：淮南王赋八十二篇，淮南王群臣赋四十四篇。又《方伎天文》部著录：《淮南杂子星》十九卷。又《易》部著录《淮南道训》二篇，注曰：“淮南王安聘明《易》者九人，号九师说。”《歌诗》部著录《淮南歌诗》四篇，或亦以为安作，然按诗赋部传曰：“……自孝武立乐府而采歌谣，于是有代、赵之讴，秦、楚之风，皆感于哀乐，缘事而发，亦可以观风俗知薄厚云尔。”则所谓《淮南歌诗》四篇，大约和同列的《燕代讴》《邯郸河间歌诗》《齐郑歌诗》一般，只是淮南的民间歌谣罢了，未必即为安之作品。淮南王本传言：武帝使安为《离骚传》，旦受诏，日食时上。此《离骚传》不见著录。《汉书·刘向传》言：向父德，于武帝时治淮南之狱，得其《枕中鸿宝苑秘书》，皆言神仙、黄金术、延命方等，向幼读之，后以为奇，进呈御览。然此书亦不见著录。今所存二十一篇，当即《汉书》所说的《淮南内》，又曰《内书》。高诱序里说："又有十九篇，谓之《淮南外篇》。"这十九篇大概就是《汉志》所谓《淮南外》三十三篇的缺残罢。但后世目录皆不载，似乎早已亡了。

高诱序里说："……号曰鸿烈。鸿，大也；烈，明也，以为大明道之言也……光禄大夫刘向校定撰具，名之《淮南》。"则似原名《鸿烈》，刘向始改题为《淮南》。然本书第二十一篇《要略》虽有"此鸿烈之泰族也"一语，而玩其文义，似为诠释《泰族》篇，未必即指全书。高诱云云，似属附会。晁公武《郡斋读书志》言许慎注本，首题"闲诂"，次题"淮南鸿烈"，末记"许慎记上"。许高皆后汉人，疑当时固通称"淮南鸿烈"。大约淮南王当日上此书时，单名曰《内》，或曰《内书》，刘向校录时乃冠以淮南二字。至后汉时，复取《要略》篇中"鸿烈"二字，称《淮南鸿烈》。高诱所说原名《鸿烈》云云，多半是不可信的。迄后《宋书·艺文志》有《淮南鸿烈解》二十一卷，"解"者注解之义，本甚显明，然因《宋志》于书名下直记"淮南王安撰"字样，后人不察，遂谓"鸿烈解"乃是书名，那就错得更厉害了。据晁公武言，此书在宋时已少完本；今本亦多脱误，则早非本来面目了。

## 二

上面说过，此书系淮南王招致宾客所撰，然此等宾客姓名，《汉书》不详。直至高诱注书，序里乃说："……天下方术之士多往归焉；于是遂与苏飞、李尚、左吴、田由、雷被、毛被、伍被、晋昌等八人，及诸儒大山、小山之徒，共讲论道德，总统仁义而著此书。"把合撰此书的人名，详细列举，似甚可信。宋洪迈《容斋续笔》七说："寿春有八公山，正安所延致客之处；传记不见姓名，而高诱序以为苏飞……等八人。然唯左吴、雷被、伍被见于史。雷被者，盖为安所斥，而亡之长安上书者，疑不得为宾客之贤也。"从这一段话我们可以推想：（一）淮南当日宾客中有八人极尊，此八公山名之所自昉；（二）八公之名，史传不见，惟高诱记之；（三）八人中仅三人名见《汉书》，而中一人又疑非贤者。所以高诱虽然确举八个人名，说是《淮南子》的撰述者，我们却不能无疑。又高诱说起的"诸儒大山、小山"，亦不见于传记。高似孙《子略》有"读淮南小山篇"之语，则"小山"似为赋名；明方以智的《通雅》且谓小山、大山犹《诗》之《大雅》《小雅》。考昭明《文选》（三十三）有《招隐士》一首，题刘安撰，而序曰："《招隐士》者，淮南小山之所作也。小山之徒，闵伤屈原……故作《招隐士》之赋，以彰其志也。"则小山又明明是人名。然而大山、小山究竟姓什么，连高诱自己也不曾说明白。

高诱所举八人，唯左吴、雷被、伍被见于《汉书》，已如上述，现在再把这三个人仔细考查一下。据《汉书》，左吴是淮南宾客之与闻密谋者（淮南王传：王日夜与左吴等按舆地图，部署兵所从入。又伍被传：王曰，“左吴、赵贤、朱骄如皆以为什八九成”），就只两次见了名。雷被官郎中，善击剑，因为比剑误中安子迁，迁恨之，短于安前。雷被惧，逃之长安，告淮南太子迁不许他投效“奋击匈奴”。事见《淮南王传》。据此而观，雷被大约是个武士，不是治学问的人。伍被，《汉书》有传（《史记》关涉伍被的事都附见《淮南王传》中），故对于他的事，独详。本传里说：“被以材能称，为淮南中郎。是时淮南王安好术学，折节下士，招致英隽，以百数，被为冠首。”据此则伍被竟是淮南宾客的领袖。本传又记刘安谋反，被切谏，与安反复辩论之词；其论吴广、陈胜之所以一举而成功，谓乃“蹈瑕衅，因秦之亡，时而动”；其议论正和本书《览冥》《齐俗》《诠言》等篇内所反复申明的“故虽贤王必待遇。遇者，能遭于时而得之也，非智能所求而成也”一段意义颇相吻合。所以高诱说伍被是本书的一个撰述者这句话，不能不说是比较可信的了。

但是后人亦有不信《汉书》所记，以为本书实出刘安之手。理由是：淮南王辩博善为文辞，史有明文，而左吴等人的著作绝无传见。明胡应麟（《少室山房笔丛》二十八）说：“淮南王招集奇士，倾动四方，说者咸以此书杂出宾客之手，非也。左吴、雷被诸人著作绝无可见，特附淮南而显，岂梁苑邹枚，邺中刘阮等哉！”胡说亦自有理。然《淮南》一书议论，前后自相矛盾的，不可胜数，甚至一篇之中，前后亦有矛盾，则又断乎不像一人的手笔了。

## 三

本书旧注，道藏本题“许慎记上”，通行本题“高诱注”。《隋唐志》皆并录许高二家注。陆德明的《庄子释文》引《淮南子》注皆称许慎注，李善的《文选》注，殷敬顺的《列子释文》引《淮南子》注，或称许慎注，或称高诱注。可知《淮南子》原有许、高二家的注。然《隋书·经籍志》载《淮南子》许慎注二十卷，高诱注二十一卷；《旧唐书》载《淮南商诂》（商诂乃闲诂之讹）二十一卷（即许慎注），高诱注二十一卷；《新唐书》所载，卷目都合；《宋史·艺文志》载许慎注二十一卷，高诱注十三卷。是知高诱注在宋世已亡若干了。但《宋史》载许慎注二十一卷，竟完全无阙，亦甚可疑。今考宋苏颂《校淮南子题叙》，则言宋世许高二注皆已残缺，崇文旧本，蜀川印本等七部，皆二注相参，不复可辨；又谓“互相考证，去其重复，共得高注十三篇，许注十八篇。”（十字衍文，盖十三加八正得二十一，故云去其重复。）清陶方琦拥护苏说，（见陶著《淮南许注异同诂》序）谓《原道》以下十三篇皆有“故曰……因以题篇”等字，高注本也。《缪称》以下八篇皆无“故曰……因以题篇”云云，许注本也。是知《宋志》所谓许慎注二十一卷，实许氏残注，杂参高注，而冒称了许注。宋世安得完全的许注？高、许二注，在宋时都已残缺了。

又取今本《原道》《俶真》《天文》《地形》《时则》《览冥》《精神》《本经》《主术》《氾论》《说林》《说山》《修务》等十三篇的注文，和《缪称》《齐俗》《道应》《诠言》《兵略》《人间》《泰族》《要略》等八篇的注文，互相比较，则前十三篇不但篇名下多了“故曰……因以题篇”等字样，并且注文比后八篇要详细得多。前十三篇往往于解释正文之后，复举异说，“一曰……”云云，而后八篇便无此例。现在考证《原道》等十三篇注文所举异说“一曰……”云云，十八九正是他处复见的许慎注。由此，又可知《原道》以下十三篇虽云高注，而实在是杂附许注的了（苏颂所谓二注相参），绝非高注本来面目。我们再把李善的《文选注》，陆德明的《庄子释文》，殷敬顺的《列子释文》，孔颖达的《毛诗正义》，司马贞的《史记索隐》《开元占经》《太平御览》等书所引的许注，和今本《缪称》以下八篇——这是我们认为许注的，互相比较，则见《文选注》等书所引许注而为今本《淮南》所无者，实亦不少。由此，更可知今本《淮南·缪称》以下八篇虽称许注，而实多脱漏，亦绝非许注的本来面目了。

又今本《原道》以下十三篇和《缪称》以下八篇的本文，也有相异的。例如《缪称》篇“纣为象箸而箕子叽”的

“叽”字，《说山》篇作“唏”；《诠言》篇“猿狖之捷来措”的“措”字，《说林》篇作“乍”；《诠言》篇“羿死于桃棓”，《说山》篇作“羿死桃部”；《道应》篇“孔子劲杓国门之关”，《主术》篇作“孔子之通力招城关”；《道应》篇“周鼎著倕，使龁其指”的“龁”字，《本经》篇作“衔”；《修务》篇“纯钧、鱼肠之始下型”的“纯钧”，《齐俗》篇作“淯均”；《览冥》篇“上契黄垆”的“垆”字，《兵略》篇作“卢”；《原道》篇的“京台”，《道应》篇作“强台”；《原道》篇的“六莹”，《齐俗》篇作“六英”；《氾论》篇的“淄渑”，《道应》篇作“菑渑”；《齐俗》篇的“隅眥之削”，《本经》篇作“隅差之削”。凡此种种，皆可证许高注书的时候，《淮南子》有两种传本，文字相异的很多。

以上所论，实甚琐细，无关宏旨；且本书自清王念孙、卢文弨、俞樾等研究以来，在训诂义理两方，多所发明，补正许、高旧注不少，已经较从前容易读了，所以许、高两家注文的纠葛，现在我们竟可以不问。但因这也是关于《淮南子》的一种知识，且即此可见汉代的书和注尚且如此脱误错乱，更何论秦以前的古籍，因此略叙《淮南》旧注聚讼的公案如上。

## 四

《淮南子》本非一人撰著，立一家之言。虽大意是归宗于老子道德之旨，然通观全书，则驳杂殊甚。《道应》篇引老子语而以古事为例证，颇似《韩非子》的《解老》《喻老》二篇。《说林》《说山》《人间》诸篇多纪古事，亦类乎《韩非》的《说林》和《内外储说》等篇。《时则》篇大概同于《吕览·月令》和《礼记·月令》。《地形》篇可说是《山海经》的缩本。《天文》《兵略》诸篇也可说是汉以前说天论兵的学说的会要。

至于书中议论自相矛盾之处，不止一二。《精神》篇反复申明体道而无欲之旨，谓饰性戾情者，终生为悲人，当顺性情之自然，一死生。这些议论，颇像庄子。本篇对于儒者是努力攻击的。然《本经》篇又言礼乐本出人情之自然，未可厚非，徒因衰世舍本逐末，故不可为。此则显然和《精神》篇的议论矛盾了。又《本经》篇开头从老子的“大道废而有仁义”说起，终则言礼乐本出人情之自然，未可厚非；《修务》篇始论无为有为之辨，全本老子之说，终则又论学问之必要，适与老子“绝学无忧”之说正相反对；此则一篇之中，前后的议论，也是显然矛盾的了。又如《览冥》篇斥申、商、韩非之法为不知为治之本，而《氾论》篇则畅论如何用刑赏以收治效；《主术》篇始言无为之说，忽进而又言韩非一流的刑名说，终乃进入儒家仁义之说；这也是一篇之中或数篇之间互有矛盾。

勉强可说在全书中没有什么冲突的，似乎是《诠言》篇中所反复申明的“柔弱者生之徒，坚强者死之徒”的意义，以及《齐俗》篇所申论的“圣人因时制宜，四夷中国不同俗，其合于道则一”的理论。但是这等议论并非是怎样重要的根本原理，故虽一贯，并不能减轻了本书的驳杂矛盾的程度。

至若撇开关于思想方面的，而从别的方面来批评，则此书多记“古今治乱，存亡祸福，世间诡异环奇之事”（高诱序），后世作家，尝多征引，其文词“奇丽宏放，瑰目璨心，谓挟风霜之气，良自不诬”（胡应麟语）。扬雄尝以淮南王与司马迁并称，可说是汉世的杰作。古来文人很多爱读此书，大概就取它的材料诡异和文词奇丽罢！

茅　盾

1925 年 3 月 17 日

# 目录

# 俶[1]真篇

有始者，有未始有有始者，有未始有夫未始有有始者。有有者，有无者，有未始有有无者，有未始有夫未始有有无者。

所谓有始者，繁愤[2]未发，萌兆牙蘖，未有形埒[3]，[垠堮][无无]冯冯蠉蠉[4]，将欲生兴，而未成物类。

有未始有有始者，天气始下，地气始上，阴阳错合，相与优游竞畅[5]于宇宙之间。被德含和，缤纷茏苁[6]，欲与物接，而未成兆朕。

有未始有夫未始有有始者，天含和而未降，地怀气而未扬，虚无寂寞，萧条霄雿[7]，无有仿佛，气遂而大通冥冥者也。

有有者，言万物掺落，根茎枝叶，青葱苓茏，[萑蔰]萑扈炫煌[8]，蠉飞蠕动[9]，蚑行哙息[10]，可切循[11]把握而有数量。

有无者，视之不见其形，听之不闻其声，扪之不可得也，望之不可极也，储与扈冶，浩浩瀚瀚[12]，不可隐仪揆度而通光耀者。

有未始有有无者，包裹天地，陶冶万物，大通混冥，深闳广大，不可为外，析豪剖芒，不可为内，无环堵之宇，而生有无之根。

有未始有夫未始有有无者，天地未剖，阴阳未判，四时未分，万物未生，汪然平静，寂然清澄，莫见其形。若光耀之[闲]问于无有，退而自失也[13]，曰："予能有无，而未能无无也！及其为无无，至妙何从及此哉！"

夫大块[14]载我以形，劳我以生，逸我以老，休我以死。善我生者，乃所以善我死也。夫藏舟于壑，藏山于泽，人谓之固矣。虽然，夜半有力者负而趋，寐者不知[15]。藏小大有宜，犹有所遁[16]。若藏天下于天下，则无所遁其形矣。物岂可谓无大扬攉[17]乎？一范[18]人之形而犹喜，若人者，千变万化而未始有极[19]也。弊而复新，其为乐也，可胜计邪？譬若梦为鸟而飞于天，梦为鱼而没于渊。方其梦也，不知其梦也，觉而后知其梦也。今将有大觉，然后知今此之为大梦也。始吾未生之时，焉知生之乐也，今吾未死，又焉知死之不乐也。

昔公牛哀转病[20][也]，七日化为虎，其兄掩户而入觇之，则虎搏而杀之。是故文章成兽，爪牙移易[21]，志与心变，神与形化[22]。方其为虎也，不知其尝为人也，方其为人，不知其且为虎也。二者代谢舛[23]驰，各乐其成形。狡猾钝惛，是非无端，孰知其所萌？夫水向冬则凝而为冰，冰迎春则泮而为水，冰水移易于前后，若周员而趋[24]，孰暇知其所苦乐乎！

是故形伤于寒暑燥湿之虐者，形苑而神壮[25]；神伤乎喜怒思虑之患者，神尽而形有余。故罢马之死也，剥之若槁[26]；狡狗之死也，割之犹濡[27]。是故伤死者其鬼娆[28]，时既者其神漠[29]，是皆不得形神俱没也。夫圣人用心杖性依神，相扶而得终始，是故其寐不梦，其觉不忧。

古之人，有处混冥之中，神气不荡于外，万物恬漠以愉静，欃枪[衡]冲杓[30]之气，莫不弥靡而不能为害。当此之时，万民猖狂，不知东西，含哺而游，鼓腹而熙[31]，交被天和，食于地德[32]，不以曲故，是非相尤，茫茫[沈沈]沆沆[33]，是谓大治。于是在上位者，左右而使之，毋淫其性；镇抚而有之，毋迁其德。是故仁义不布而万物蕃殖[34]，赏罚不施而天下宾服，其道可以大美兴，而难以算计举也。是故日计之不足，而岁计之有余。夫鱼相忘于江湖，人相忘于道术[35]。古之真人，立于天地之本，中至优游，抱德炀和，而万物[杂]炊累焉[36]，孰肯解构[37]人间之事，以物烦其性命乎！

夫道有经纪条贯，得一之道，连千枝万叶[38]，是故贵有以行令，贱有以忘卑，贫有以乐业，困有以处危。夫大寒至，霜雪降，然后知松柏之茂也；据难履危，利害陈于前，然后知圣人之不失道也。是故能戴大员者履大方，镜太清者视大明，立太平者处大堂[39]，能游冥冥者与日月同光。是故以道为竿，以德为纶，礼乐为钩，仁义为饵，投之于江，浮之于海，万物纷纷，孰非其有！夫挟依于跂跃之术[40]，提挈人间之际，撢掞挺挏[41]世之风俗，以摸苏牵连物之微妙[42]，犹得肆其志，充其欲，何况怀环玮之道，忘肝胆，遗耳目，独浮游无方之外，不与物相弊摋[43]，中徙倚无形之域，而和以天[地]俛者乎[44]！若然者，偃其聪明，而抱其太素，以利害为尘垢[45]，以死生为昼夜。是故目观玉辂琬象[46]之状，耳听白雪清角[47]之声，不能以乱其神；登千仞之溪，临蝯眩之岸[48]，不足以滑其和[49]。譬若钟山[50]之玉，[炊]灼以炉炭，三日三夜而色泽不变，则至德天地之精也[51]。是故生不足以使之，利何足以动之！死不足以禁之，害何足以恐之！明于死生之分，达于利害之变，虽以天下之大，易骭之一毛，无所概于志也。夫贵贱之于身也，犹条风之时丽[52]也；毁誉之于己，犹蚊虻之一过也。夫秉皓白而不黑，行纯粹而不糅，处玄冥而不暗，休于天钧而不碍[53]，孟门、终隆[54]之山不能禁，[唯体道能不败]湍濑旋渊吕梁[55]之深，不能留也，太行、石涧、飞狐、句望[56]之险，不能难也。是故身处江海之上，而神游魏阙[57]之下。非得一原[58]，孰能至于此哉！是故与至人居，使家忘贫，使王公简其富贵而乐卑贱，勇者衰其气，贪者消其欲，坐而不教，立而不议，虚而往者实而归，故不言而能饮人以和。是故至道无为，一龙一蛇[59]，盈缩卷舒，与时变化；外从其风，内守其性，耳目不耀，思虑不营[60]；其所居神者，台简[61]以游太清，引[楯]揗[62]万物，群美萌生。是故事其神者神去之，休其神者神居之。

道出一原，通九门，散六衢，设于无垓坫[63]之宇；寂漠以虚无，非有为于物也，物以有为于己也。是故举事而顺于道者，非道之所为也，道之所施也。夫天之所覆，地之所载，六合所包，阴阳所呴[64]，雨露所濡，道德所扶，此皆生一父母而阅一和也[65]。是故槐榆与橘柚合而为兄弟，有苗与三危[66]通为一家。夫目视鸿鹄之飞，耳听琴瑟之声，而心在雁门之间。一身之中，神之分离剖判，六合之内，一举而千万里。是故自其异者视之，肝胆胡越[67]；自其同者视之，万物一圈[68]也。百家异说，各有所出。若夫墨、杨、申、商之于治道，犹盖之[无]一橑[69]，而轮之[无]一辐。有之可以备数，无之未有害于用也。己自以为独擅之，不通之于天地之情也。今夫冶工之铸器，金踊跃于炉中，必有波溢而播弃者，其中地而凝滞，亦有以象于物者矣。其形虽有所小用哉，然未可以保于周室之九鼎也，又况比于规形者乎？其与道相去亦远矣！今夫万物之疏跃[70]枝举，百事之茎叶条蘖，皆本于一根而条循千万也。若此则有所受之矣，而非所授者。所受者，无授也，而无不受也。无不受也者，譬若周云[71]之茏苁，辽巢彭[濞]薄[72]而为雨，沈溺万物而不与为湿焉。今夫善射者有仪表之度，如工匠有规矩之数，此皆所得以至于妙。然而奚仲不能为逢蒙，造父不能为伯乐者[73]，是曰谕于一曲而不通于万方之际也。今以涅染缁，则黑于涅[74]，以蓝染青，则青于蓝。涅非缁也，青非蓝也，兹虽遇其母[75]，而无能复化已。是何？则以谕其转而益薄也。何况夫未始有涅蓝造化之者乎，其为化也，虽镂金石，书竹帛，何足以举其数？由此观之，物莫不生于有也，小大优游[76]矣。夫秋豪之末，沦于无间，而复归于大矣[77]；芦苻之厚，通于无整而复反于敦庞[78]。若夫无秋豪之微，芦苻之厚，四达无境，通于无圻[79]，而莫之要御夭遏[80]者，其袭[81]微重妙，挺挏万物，揣丸[82]变化，天地之间，何足以论之。夫疾风教[83]木而不能拔毛发，云台[84]之高，堕者折脊碎脑，而蚊虻适足以[翱翔]䎀[85]。夫与蚑[86]蛲同乘天机，[夫]受形于一圈，飞轻微细者，犹足以脱其命，又况未有类也[87]？由此观之，无形而生有形，亦明矣。是故圣人托其神于灵府，而归于万物之初。视于冥冥，听于无声；冥冥之中，独见晓焉，寂漠之中，独有照焉；其用之也以不用，其不用也而后能用之，其知也乃不知，其不知也而后能知之也。夫天不定，日月无所载，地不定，草木无所植，所立于身者不宁，是非无所形，是故有真人然后有真知。其所持者不明，庸讵知吾所谓知之非不知欤？

今夫积惠重厚，累爱袭恩，以声华[呕]煦苻妪[88]，掩万民百姓，使[知]之䜣䜣[89]然，人乐其性者，仁也。举大功，立显名，体君臣，正上下，明亲疏，等贵贱，存危国，继绝世，决挐[90]治烦，兴毁宗，立无后者，义也。闭九窍，藏心志，弃聪明，反无识，芒然仿佯于尘埃之外，而消摇于无事之业[91]，含阴吐阳，而万物和同者，德也。是故道散而为德，德溢而为仁义，仁义立而道德废矣。百围之木，斩而为牺尊[92]。镂之以剞劂[93]，杂之以青黄，华藻镈鲜[94]，龙蛇虎豹[95]，曲成文章。然其断在沟中，[壹]比牺尊，沟中之断，则丑美有间[96]矣，然而失木性，钧也[97]。是故神越[98]者其言华，德荡者其行伪，至精亡于中，而言行观于外，此不免以身役物矣。夫趋舍行伪者，为精求于外也。精有湫尽，而行无穷极，则滑心浊神而惑乱其本矣。其所守者不定，而外淫于世俗之风[99]，所断者差跌[者]，而内以浊其清明，是故踌躇以终而不得须臾恬澹矣。是故圣人内修道术，而不外饰仁义，不知耳目之[宣]宜，而游于精神之和。若然者，下揆[100]三泉，上寻九天，横廓六合，揲[101]贯万物，此圣人之游也。

若夫真人则动溶于至虚，而游于灭亡之野，骑蜚廉而从敦圄[102]，驰于方外，休乎宇内，烛十日[103]而使风雨，臣雷公，役夸父[104]，妾宓妃，妻织女：天地之间，何足以留其志？是故虚无者道之舍，平易者道之素[105]。夫人之事其神而娆[106]其精，营慧然[107]而有求于外，此皆失其神明而离其宅也[108]。是故冻者假兼衣于春，而暍[109]者望冷风于秋。夫有病于内者，必有色于外矣。夫梣木[色]已青翳[110]，而蠃蠡瘉[蜗]烛睆[111]，此皆治目之药也，人无故求此物者，必有蔽其明者。圣人之所以骇天下者，真人未尝过焉；贤人之所以矫世俗者，圣人未尝观焉。夫牛蹄之涔[112]，无尺之鲤，块阜[113]之山，无丈之材，所以然者何也？皆其营宇狭小，而不能容巨大也。又况乎以无裹[114]之者邪？此其为山渊之势亦远矣[115]！夫人之拘于世也，必形系而神泄，故不免于虚[116]，使我可系羁者，必其命有[命]在于外也[117]。至德之世，甘瞑于溷澖[118]之域，而徙倚于汗漫之宇[119]，提挈天地而委[120]万物，以鸿濛为景柱[121]，而浮扬乎无畛崖[122]之际。是故圣人呼吸阴阳之气，而群生莫不颙颙然仰其德以和顺。当此之时，莫之领理决离，隐密而自成，浑浑苍苍[123]，纯朴未散，旁薄为一，而万物大优。是故虽有羿之知而无所用之[124]。

及世之衰也，至伏羲氏，其道昧昧芒芒然[125]，吟[126]德怀和，被施颇烈[127]，而知乃始昧昧[睭睭]楙楙[128]皆欲离其童蒙之心，而觉视于天地之间，是故其德烦而不能一。乃至神农、黄帝，剖判大宗，窍领天地，袭九窾，重九[慹]埶[129]，提挈阴阳，嫥捖[130]刚柔，枝解叶贯，万物百族，使各有经纪条贯。于此万民睢睢盱盱然[131]，莫不竦身而载听视，是故治而不能和下。

栖迟至于昆吾、夏后[132]之世，嗜欲连于物，聪明诱于外，而性命失其得。施及周室[之衰]，浇淳散朴，[杂]离道以伪，俭德以行，而巧故萌生。周室衰而王道废，儒墨乃始列道而议，分徒而讼。于是博学以疑圣，华诬[133]以胁众，弦歌鼓舞，缘饰《诗》《书》，以买名誉于天下；繁登降之礼，饰绂冕之服；聚众不足以极其变，积财不足以赡其费。于是万民乃始惴觟离跂[134]，各欲行其知伪，以求凿枘于世[135]，而错择名利[136]。是故百姓曼衍于淫荒之陂，而失其大宗之本。夫世之所以丧性命，有衰渐以然[137]，所由来者久矣！

是故圣人之学也，欲以返性于初，而游心于虚也[138]。达人之学也，欲以通性于辽廓，而觉于寂漠也。若夫俗世之学也，则不然，擢德攓性[139]，内愁五藏，外劳耳目，乃始招蛲振缱物之豪芒[140]，摇消掉捎仁义礼乐[141]，暴行越智[142]于天下，以招号名声于世[143]。此我所羞而不为也。是故与其有天下也，不若有说也[144]；与其有说也，不若尚羊[145]物之终始[也]，而条达有无之际。是故举世而誉之不加劝，举世而非之不加沮，定于死生之境，而通于荣辱之理，虽有炎火洪水弥靡于天下，神无亏缺于胸臆之中矣。若然者，视天下之间，犹飞羽浮芥也，孰肯分分然[146]以物为事也！

水之性真清而土汨之，人性安静而嗜欲乱之。夫人之所受于天者，耳目之于声色也，口鼻之于[芳]臭味也，肌肤之于寒燠，其情一也。或通于神明，或不免于痴狂者，何也？其所为制者，异也。是故神者，智之渊也，[渊]神清[者]则智明矣；智者心之府也，智公则心平矣。人莫鉴于流[沫]潦而鉴于止水者，以其静也；莫窥形于生铁而窥于明镜者，以[睹]其易也。夫唯易且静，形[147]物之性也。由此观之，用[也]者必假之于弗用[也]者。是故虚室生白，吉祥止也[148]。夫鉴明者，尘垢弗能薶[149]；神清者，嗜欲弗能乱。精神已越于外，而事复返之，是失之于本，而求之于末也。外内无符，而欲与物接，弊其元光，而求知之于耳目，是释其炤炤，而道其冥冥也。是之谓失道。心有所至，而神喟然在之，反之于虚，则消铄灭息，此圣人之游也[150]。故古之治天下也，必达乎性命之情，其举错未必同也，其合于道一也。

夫夏日之不被裘者，非爱之也，燠有余于身也；冬日之不用翣[151]者，非简[152]之也，清有余于适也。夫圣人量腹而食，度形而衣，节于己而已。贪污之心，奚由生哉？故能有天下者，必无以天下为也；能有名誉者，必无以[趋]越行求者也。圣人有所于达，达则嗜欲之心外矣。孔墨之弟子，皆以仁义之术教导于世，然而不免于偏[153]，身犹不能行也，又况所教乎？是何？则其道外也。夫以末求返于本，许由不能行也，又况齐民乎！诚达于性命之情，而仁义固附矣，趋舍何足以滑心！若夫神无所掩，心无所载，通洞条达，恬漠无事，无所凝滞，虚寂以待，势利不能诱也，辩者不能说[154]也，声色不能淫也，美者不能滥[155]也，智者不能动也，勇者不能恐也：此真人之[道]游也。若然者，陶冶万物，与造化者为人[156]，天地之间，宇宙之内，莫能夭遏。夫化生者不死，而化物者不化。神经于骊山、太行而不能难，入于四海九江而不能濡，处小隘而不塞，横扃天地之间而不窕。不通此者，虽目数千羊之群，耳分八风之调，足蹀阳阿[157]之舞，而手会《绿水》[158]之趋，智[终]络[159]天地，明照日月，辩解连环，[泽]辞润玉石，犹无益于治天下也。

静漠恬澹，所以养性也；和愉虚无，所以养德也。外不滑内，则性得其宜；性不动和，则德安其位。养生以经世，抱德以终年，可谓能体道矣。若然者，血脉无郁滞，五藏无蔚[160]气，祸福弗能挠滑，非誉弗能尘垢，故能致其极。非有其世，孰能济焉？有其人，不遇其时，身犹不能脱，又况无道乎？且人之情，耳目应感动，心志知忧乐；手足之攢疾蠢[161]辟寒暑，所以与物接也。蜂虿螫指而神不能憺[162]，蚊虻噆（zǎn）肤而知不能平[163]。夫忧患之来撄人心也，非直蜂虿之螫毒而蚊虻之惨怛也，而欲静漠虚无，奈之何哉？夫目察秋豪之末，耳不闻雷霆之声；耳调玉石之声，目不见太山之高。何则？小有所志，而大有所忘也。今万物之来，擢拔吾性，攓取吾情，有若泉源，虽欲勿禀[164]，其可得邪？今夫树木者，灌以瀿[165]水，畴[166]以肥壤，[一]十人养之，[十]一人拔之，则必无余蘖，又况与一国同伐之哉？虽欲久生，岂可得乎！今盆水在庭，清之终日，未能见眉睫，浊之不过一挠，而不能察方员。人神易浊而难清，犹盆水之类也，况一世而挠滑之，曷得须臾平乎！

古者至德之世，贾便其肆，农乐其业，大夫安其职，而处士修其道。当此之时，风雨不毁折，草木不夭，九鼎重[167][味]，珠玉润泽，洛出丹书，河出绿图，故许由、方回、善卷、披衣[168]得达其道。何则？世之主有欲利天下之心，是以人得自乐其间。四子之才，非能尽善盖今之世也，然莫能与之同光[169]者，遇唐虞之时。逮至夏桀、殷纣，燔生人，辜[170]谏者，为炮烙，铸金柱[171]，剖贤人[172]之心，析才士之胫，醢鬼侯之女，菹梅伯之[173]骸。当此之时，峣山崩，三川[174]涸，飞鸟铩翼，走兽挤脚。当此之时岂独无圣人哉？然而不能通其道者，不遇其世。夫鸟飞千仞之上，兽走丛薄之中，祸犹及之，又况编户齐民乎？由此观之，体道者不专在于我，亦有系于世矣。夫历阳之都，一夕反而为湖[175]，勇力圣知与罢怯不肖者同命；巫山之上，顺风纵火，膏夏紫芝与萧艾俱死[176]。故河鱼不得明目，稚稼不得育时，其所生者然也[177]。故世治则愚者不能独乱，世乱则智者不能独治。身蹈于浊世之中，而责道之不行也，是犹两绊骐骥，而求其致千里也。置猿槛中，则与豚同，非不巧捷也，无所肆其能也。舜之耕陶也，不能利其里，南面王则德施乎四海。仁非能益也，处便而势利也。古之圣人，其和愉宁静，性也，其志得道行，命也。是故性遭命而后能行，命得性而后能明，乌号[178]之弓、溪子[179]之弩，不能无弦而射，越舲蜀艇，不能无水而浮。今矰缴机[180]而在上，网罟张而在下，虽欲翱翔，其势焉得？故《诗》云："采采卷耳，不盈倾筐，嗟我怀人，寘彼周行。"[181]以言慕远世也。

---

[1]俶（chù）：始意，即宇宙的初始。 [2]繁愤：众积之貌。[3]形埒：兆朕也。 [4]冯冯（pīng）：无形之貌。蝡（ruan）：虫动之貌。冯冯蝡蝡：言若有物动焉，而尚未有形，盖在混沌状态也。 [5]竞：逐也。畅：达也。 [6]缤纷：杂糅也。茏苁：聚会也。 [7]霄雿（tiǎo）：幽冥貌。雿，本作"窕"。 [8]萑（wéi）：草木之荣华也。萑扈炫煌：言采色纷呈也。 [9]蠉（xuān）：虫类屈曲盘旋而行或飞貌。 [10]蚑（qí）：虫行貌。哙，同"喙"。 [11]切循：抚摩也。[12]浩浩瀚瀚：广大貌。[13]光耀问于无有，见《庄子·知北游》："光耀问乎无有曰：'夫子有乎？其无有乎？'[无有弗应也。]光耀不得问，而熟视

其状貌，窅然空然，终日视之而不见，听之而不闻，抟之而不得也。光耀曰：‘至矣！其孰能至此乎？子能有无矣，而未能无无也！及为无有矣，何从至此哉！’” [14]大块：天地之间也。[15]夜半有力者负舟与山走，故寐者不知也。 [16]《庄子·大宗师》：“‘夫藏舟于壑，藏山于泽，谓之固矣，然而夜半有力者负之而走，昧者不知也。藏小大有宜，犹有所遁。若夫藏天下于天下而不得所遁，是恒物之大情也。’郭注：‘不知与化为体而思藏之使不化，则虽至深至固，各得其所宜，而无以禁其日变也。’”云云。可为此处参考。 [17]扬擢：通作扬榷，约略也。 [18]范：犹遇也，遭也。 [19]言死生变化如梦，故曰未始有极也。 [20]转病：狂病也。 [21]言肤发已成兽形，爪牙亦移易为兽爪牙也。 [22]言志心皆变，神形俱化也。[23]舛：互也。 [24]言若循环也。 [25]菀：枯病也，古同“宛”。壮：伤也。 [26]罢：衰老，气力竭尽，故若槁也。[27]狡：少壮也。濡：濡湿。言气力未尽。 [28]娆：亦作“魈”，楚人谓剽轻为害之鬼曰魈（cháo）。 [29]既：尽也。言时既当老者，则神寂漠。漠，定也。 [30]欃枪：彗星也。冲：据《吕览·明理篇》：“其云状有若人，苍衣赤首不动，名曰天冲。”是冲亦云气也。杓：亦星名，早见则主水灾，晚见则主旱灾，是亦凶星也。古人对于不经见之自然现象，常生恐怖之心，以为主灾害；彗星冲杓，皆不经见，故以为妖气，见必有灾。 [31]熙：戏也。 [32]交：俱也。天和谓风雨调顺也。地德育生五谷。 [33]茫茫：读若“莽莽”。茫茫沆沆（hàng）：盛大貌。 [34]言古者抱盛德，尚质朴，不待仁义而万物蕃殖也。[35]言各得其志，故相忘也。[36]炊累：言成熟也。《庄子·在宥》篇："从容无为而万物炊累焉。"[37]解构：不期而遇，引申为合会。[38]一者道本，得其本，故能连理千枝万叶，以少正多也。[39]太平：天下之平也。大堂：明堂，所以告朔行令也。[40]跂跃之术：言龃龉，不正之道也。[41]撢（tàn）：同"探"，引也。掞（yǎn）：利也。挺挏（dòng）：犹上下也。撢掞挺挏：谓以求便利也。[42]摸苏：犹摸索也。微妙：犹细小也。[43]弊摋：犹杂揉也。[44]天倪：谓自然之分也。《庄子·齐物论》："知之以天倪……何谓知之以天倪？曰：'是不是，然不然。是若果是也，则是之；异乎不是也，亦无辩。然若果然也，则然之；异乎不然也，亦无辩。'"[45]尘垢：轻也。[46]玉辂：王者所乘之车。一说"辂"当作"璐"，美玉也。琬象：指琬琰象牙。琬，圭之宛转其首为圆形者。琰（yǎn），圭之锐上者。[47]白雪：师旷所奏太一五弦琴之乐曲，神物为下降者。《览冥篇》："昔者师旷奏白雪之音而神物为之下降。"清角：商声也。一说清角，弦急其声清也。韩非《十过》："平公曰：'音莫悲于清徵乎？'师旷曰：'不如清角。'"[48]谓蝯临其岸而目眩；极言其高也。蝯或作"猨（yuán）"，猿本字。[49]滑：乱也。和：适也。谓不足使之震慑不安也。[50]昆仑之中央为"钟山"。[51]《艺文类聚》引作"得天地之精也"。[52]时丽：忽一过也。[53]碼：同"毁（huǐ）"，败也。休于天钧：谓休乎自然之陶钧也。《庄子·齐物论》："是以圣人和之以是非，而休乎天钧。"[54]孟门：山名，太行之隘也。终隆：则终南山，亦险塞也。　[55]湍濑（tuān lài）：急流也。旋渊：深渊也。吕梁：水名。　[56]太行、石涧、飞狐、句望，皆险隘也。　[57]魏阙：王者门外阙，巍巍高大，故曰魏阙。神游魏阙：言心慕荣贵也。　[58]一原：谓道之原也。　[59]龙能化蛇，能解脱，故道以为譬。　[60]营：惑也。　[61]台：犹持也。简：大也。　[62]引揗（xún）：拔擢也。　[63]设：施也。垓坫（gāi diàn）：垠塄也。
[64]呴（xǔ）：嘘吹之也。　[65]父母谓天地。阅：总也。和：气也。　[66]有苗在南方，三危在西方。　[67]肝胆喻亲切，胡越喻疏远；言亲如肝胆者可疏如胡越也。　[68]圈：角落。
[69]盖：车盖，建于车前，所以遮阳也。橑（liáo）：弓形横木，乃车盖之骨。　[70]疏跃：布散也。　[71]周云：谓密雨云也。　[72]辽巢彭薄：蕴积貌。　[73]奚仲巧为车，逢蒙善于射，造父善御马，伯乐善相马。　[74]涅（niè）：矾石也。
[75]母：本也。　[76]优游：言饶多也。　[77]言秋毫之末，至微细也，能入于无间（孔），然以与道较，则秋毫犹为大也。
[78]苻：与“莩”通，芦中白（茎内薄膜）也。整，古“垠”字。芦苻极薄，能入于无空（垠即空间），然以与道较，则芦苻犹为厚。敦庞：厚也。　[79]圻：垠。　[80]夭遏：庄子作“夭阏”。夭，折也；遏，止也；要，遮也。皆妨止意。　[81]袭：重复也。　[82]揣丸：何义未详，疑为转仄之意。揣丸变化：谓变化多方也。　[83]敎：亦拔也。　[84]台高际于云，故曰云台。　[85]翾（xuān）：小飞也。　[86]蚑：虫行也。蛲（náo）：蛲虫，寄生虫。蚑蛲：喻微细也。　[87]类：形象

也。　[88]煦：天日之和气也。苻妪：犹萌芽。　[89]訢訢：同“欣欣”。　[90]挐：乱也。　[91]业：始也。　[92]牺尊：犹疏镂之尊。　[93]剞劂（jī jiáo）：曲刀也。　[94]镈：谓以金布敷其上也。古者以金饰物，谓之“镈”。鲜：读为“献”。《礼记·月令》篇：“天子乃鲜羔开冰。”注曰：“鲜当为献”。是其证。《明堂位》篇“周献豆”注：“献，疏刻之。”镈献，谓疏刻而以金饰之也。画为华藻之形，疏刻而金饰之，是为华藻镈献。　[95]谓疏刻为龙蛇虎豹之形也。[96]言其丑美相去远也。　[97]钧：等也。　[98]越：散也。[99]风：风化也。　[100]揆：度也。　[101]揲（shé）：持而数之也。　[102]蜚廉：兽名，长毛有翼。敦圄：似虎而小；一曰仙人名也。　[103]古言东方有神木曰扶桑，上有十日。[104]夸父：古之超人，与日竞走，道渴而死，弃其杖化为邓林。《列子》及《山海经》皆载其事。　[105]素：性也。　[106]娆：烦也。　[107]营慧然：高注谓是求索名利也。或说“慧”字疑亦“营”字。营营然：状求索之忙。　[108]宅：言精神之宅也。　[109]暍（yē）：伤暑也。　[110]梣木：苦麻木名也，生于山，剥取其皮，以水浸之，色正青，用洗眼，愈人目中青翳。已：愈也。　[111]蠃蠡（luǒ lǐ）：蜗牛也。《广雅》：蠡蠃，蜗牛也。《说文》：蜗，蠃也。味甘无毒，可治目疾。烛睆（huǎn）：目内白翳病也。　[112]涔（cén）：潦水曰涔。牛蹄之涔：谓牛蹄践踏成凹而积水也。　[113]块阜：小山也。[114]无裹：无形也。　[115]言小大之相去甚远也。　[116]言形系者身形疾而精神越泄，不处其守，故曰不免于虚。　[117]言既为人所系羁，则命在人而不在我也。《庄子·山木》篇：“物之所利，乃非已也，吾命有在外者也。”即《淮南》所本。

[118]溷涃：言无垠虚之貌。 [119]宇：居也。 [120]委：弃也。 [121]鸿濛：东方之野，日所出，故以为景柱。

[122]畛崖：畔岸也。 [123]浑浑苍苍：浑沌之貌。

[124]《御览》七十七引作“是故虽有明知，而无所用之”。

[125]昧昧：纯厚也；芒芒：广大貌。 [126]吟：含也。

[127]言被其德泽，颇烈施于民也。 [128]昧昧楙楙（mào）：皆欲知之貌。 [129]窍（qiào）：通也。领：理也。袭：因也。窾：空也。墪：垠也。《御览》七十八引作“袭九空，重九望”，又引注曰：“九空，九天也；九望，九地也。” [130]嫥捖：和调也。 [131]睢睢盱盱：听视之貌。 [132]昆吾：夏之伯。夏后：即夏桀。 [133]华诬：设虚华之言以诬圣人。

[134]慲觟：疑是当时方言，有莫可稽考之意。 [135]言求以已道入世也。 [136]错：施也。择：取也。 [137]上文自伏羲氏而历数之，以至于周室之衰，每降而愈下，故曰有衰渐以然也。 [138]游心于虚，言无欲也。 [139]擢：引也。攓：缩也，同“搴（qiān）”。 [140]招蛲振缱：言扰乱也。蛲，音饶，通“挠”。缱，音遣，有缠绵之意。物之毫芒，喻道之精微也。

[141]摇消掉捎：有消解之意。摇消掉捎仁义礼乐：言仁义礼乐未能行也。 [142]暴：卒也。越：扬也。 [143]言越扬其诈谲之智，以取声名也。 [144]说：乐也。言不若有人悦乐之也。

[145]尚羊：同“徜徉”。 [146]分分然：疑当作“介介然”；分与介形近而误。高注：犹意念之貌（注中亦误作“分”），正释介

字。 [147]形：见也。 [148]喻心虚则道在也。室喻心，白喻道。 [149]蘸（wō）：污也。 [150]游：行也。言反之于虚，则情欲之性，消铄灭息，故曰圣人之行也。 [151]翣（shà）：大扇也。 [152]简：贱也。 [153]句谓躬行仁义而不免于疲也。 [154]说：释也。 [155]滥：奢念。 [156]与造化者为人：言与造化者为偶也。 [157]阳阿：古之名倡也。 [158]《绿水》：舞曲也。 [159]络：通“络”，包罗，笼络也。《庄子·天道》篇：“故古之王天下者，知虽落天地，不自虑也。”即此文所本。 [160]蔚：通“郁”。 [161]拂：“拂”之异文。蠡：“蛘”之异体。蛘，音养，小黑虫也。 [162]憺（dàn）：定也。 [163]知：犹志也。平：犹定也。 [164]搴（qiān）：同“搴”，拔取。稟：受也。 [165]瀿（fán）：潦也，水暴溢也。 [166]畴：壅土、培土，防止肥料外泄。 [167]九鼎：即禹所铸九鼎，古传国宝也。古谓王者之德休明则鼎重。 [168]四人皆尧时隐士。 [169]光：誉也。 [170]辜：谓磔杀之。《周礼》：“杀王者之亲者辜之。” [171]铸金柱，燃火其下，以人置其上，坠火中而对之笑也。 [172]贤人：谓比干也。 [173]鬼侯、梅伯：皆纣时诸侯。梅伯说鬼侯之女美好，令纣妻之，女至，纣以为不好，故醢鬼侯之女，菹梅伯之骸也。一曰纣为无道，梅伯数谏，故菹其骸也。醢（hǎi）：肉酱也。菹：醢之也。 [174]峣山：在南阳。三川：泾、渭、汧也。 [175]历阳：汉淮南国之县名。昔有老妪，遇一人告曰：“见城门有血，则走无顾。”自此，妪数往视城门。阍者怪而问之。妪具以告。其暮，门吏故杀鸡，以血涂门。明晨，老妪往视，见血，便走上北山。县果没水中。 [176]青夏：大木也，其理密白如青。青夏、紫芝，皆贵品。萧艾：贱草。 [177]河水浊故不得明目，稚稼为霜所凋，故不得待其自熟时，故曰其所生者然也。 [178]乌号：柘桑也，其材坚劲，可为弓。 [179]溪子：或曰国名，产弩；或曰郑国善为弩匠名；或曰南方蛮也，造弩。 [180]矰缴：射鸟短矢也。机：发也。 [181]此《诗·周南·卷耳》篇中句也。言采易得之菜，不满易盈之器，以言君子为国，执心不精，不能以成其道，犹采易得之菜，不能盈易满之器也。“嗟我怀人，寘彼周行”，言我思古君子官贤人置之列位也。诚得古之贤人，各寘其行列，故曰慕远也（高诱注）。

# 览冥篇[1]

昔者，师旷奏白雪之音而神物[2]为之下降，风雨暴至，平公癃病，晋国赤地[3]。庶女叫天，雷电下击，景公台陨，支体伤折，海水大出[4]。夫瞽师庶女，位贱尚枲[5]，权轻飞羽，然而专精厉意，委务积神，上通九天[6]，激厉至精。由此观之，上天之诛也，虽在圹虚幽间、辽远隐匿、重袭石室、界障险阻，其无所逃之亦明矣。

武王伐纣，渡于孟津，阳侯之波[7]，逆流而击，疾风晦冥，人马不相见。于是武王左操黄钺，右秉白旄，瞋目而㧑[8]之曰："余[任]在天下，谁敢害吾意者！"于是，风济而波罢。鲁阳公[9]与韩构难，战酣，日暮，援戈而㧑之，日为之反三舍[10]。夫全性保真，不亏其身，遭急迫难，精通于天，若乃未始出其宗[11]者，何为而不成！夫死生同域，不可胁陵，勇武一人，为三军雄。彼直求名耳，而能自要者尚犹若此，又况夫宫天地，怀万物，而友造化，含至和，直偶于人形[12]，观九钻一[13]，知之所不知，而心未尝死者乎？

昔雍门子以哭见于孟尝君[14]，已而陈辞通意，抚心发声。孟尝君为之增欷歍唈[15]，流涕狼戾[16]不可止。精神形于内，而外谕哀于人心，此不传之道。使俗人不得其君形[17]

者，而效其容，必为人笑。故蒲且子[18]之连鸟于百仞之上，而詹何之骛鱼于大渊之中[19]，此皆得清净之道，太浩之和也。

夫物类之相应，玄妙深微，知不能论[20]，辩不能解。故东风至而酒湛溢[21]，蚕咡丝而商弦绝[22]，或感之也；画随灰而月运阙[23]，鲸鱼死而彗星出[24]，或动之也。故圣人在位，怀道而不言，泽及万民。君臣乖心，则背谲见于天，神气相应征矣。故山云草莽，水云鱼鳞[25]，旱云烟火，涔云波水[26]，各象其形类所以感之。夫[阳]燧[27]取火于日，方诸[28]取露于月，天地之间，巧历不能举其数。手征忽怳，不能览其光[29]，然以掌握之中，引类于太极之上，而水火可立致者，阴阳同气相动也。此傅说之所以骑辰尾也[30]。故至阴飂飂[31]，至阳赫赫，两者交接成和而万物生焉。众雄而无雌，又何化之所能造乎？所谓不言之辩，不道之道也。故召远者使无为焉，亲近者使无事焉，惟夜行者为能有之[32]。故却走马以粪，而车轨不接于远方之外[33]。是谓坐驰陆沉，昼冥宵明[34]，以冬铄胶，以夏造冰[35]。

夫道者，无私就也，无私去也，能者有余，拙者不足，顺之者利，逆之者凶。譬如隋侯之珠[36]，和氏之璧[37]，得之者富，失之者贫。得失之度，深微窈[38]冥，难以知论，不可以辩说也。何以知其然？今夫地黄主属骨，而甘草主生肉之药也。以其属骨，责其生肉，以其生肉，论其属骨，是犹王孙绰之欲倍偏枯之药而欲以生殊死之人[39]，亦可谓失论矣。若夫以火能焦木也，因使销金，则道行矣。若以慈石[40]之能连铁也，而求其引瓦，则难矣：物固不可以轻重论也。夫燧之取火[于日]，慈石之引铁，蟹之败漆[41]，葵之乡日，虽有明智，弗能然[42]也。故耳目之察，不足以分物理，心意之论，不足以定是非。故以智为治者，难以持国，唯通于太和，而持自然之应者，为能有之。故峣山[43]崩而薄落[44]之水涸，区冶生而淳钩之剑成[45]。纣为无道，左强[46]在侧，太公并世，故武王之功立。由是观之，利害之路，祸福之门，不可求而得也。夫道之与德，若韦之与革，远之则迩，近之则远，不得其道，若观鯈鱼[47]。故圣人若镜，不将不迎，应而不藏，故万化而无伤。其得之，乃失之，其失之，未始非[乃]得之也！

今夫调弦者，叩宫宫应，弹角角动[48]，此同声相和者也。夫有改调一弦，其于五音无所比，鼓之而二十五弦皆应，此未始异于声，而音之君已形也[49]。故通于太和者[50]，惽若纯醉，而甘卧以游其中，而不知其所由至也。纯温以沦，钝闷以终[51]，若未始出其宗，是谓大通。

今夫赤螭、青虬[52]之游冀州也，天清地定，毒兽不作，飞鸟不骇，入榛薄，食荐梅[53]，噆[54]味含甘，步不出顷亩之区，而蛇鳝[55]轻之，以为不能与之争于江海之中。若乃至于玄云之素朝，阴阳交争，降扶风[56]，杂冻雨，扶摇而登之，威动天地，声震海内。蛇鳝著泥百仞之中，熊罴匍匐丘山[磛]之岩，虎豹袭穴而不敢咆，猿狖[57]颠蹶而失木枝，又况直蛇鳝之类乎！凤凰之翔至德也，雷霆不作，风雨不兴，川谷不澹[58]，草木不摇，而燕雀佼[59]之，以为不能与之争于宇宙之间。还至其曾逝[60]万仞之上，翱翔四海之外，过昆仑之疏圃[61]，饮砥柱[62]之湍濑，邅回蒙汜之渚[63]，尚佯冀州之际；径蹑都广[64]，入日抑节[65]，濯羽[翼]弱水[66]，暮宿风穴[67]。当此之时，鸿鹄鸧鹳[68]莫不惮惊伏窜，注喙江裔[69]，又况直燕雀之类乎！此明于小动之迹，而不知大节之所由者也。

昔者王良、造父[70]之御也，上车摄辔，马为整齐而敛谐，投足调均，劳逸若一，心怡气和，体便轻毕[71]，安劳乐进，驰骛若灭[72]，左右若鞭，周旋若环[73]，世皆以为巧，然未见其贵者也。若夫[钳且]钦负大丙[74]之御，除辔衔，去鞭弃策，车莫动而自举，马莫使而自走也。日行月动，星耀而玄运[75]，电奔而鬼腾，进退屈伸，不见朕垠[76]。故不招指，不咄叱，过归雁于碣石[77]，轶鹍鸡于姑余[78]，骋若飞，骛若绝，纵矢蹑风[79]，追猋归忽[80]，朝发榑桑[81]，入日[入]落棠[82]。此假弗用而能以成其用者也，非虑思之察，手爪之巧也。嗜欲形于胸中[83]，而精神[逾]喻于六马，此以弗御御之者也。

昔者黄帝治天下而力牧、太山稽[84]辅之，以治日月之行，律[治]阴阳之气，节四时之度，正律历之数；别男女，异雌雄，明上下，等贵贱，使强不掩弱，众不暴寡；人民保命而不夭，岁时孰而不凶；百官正而无私，上下调而无尤，法令明而不暗，辅佐公而不阿；田者不侵畔，渔者不争限[85]，道不拾遗，市不豫贾；城郭不关，邑无盗贼；鄙旅之人，相让以财，狗彘吐菽粟于路，而无忿争之心。于是日月[精明]星辰，不失其行；风雨时节，五谷登孰；虎狼不妄噬，鸷鸟不妄搏；凤皇翔于庭，麒麟游于郊；青龙进驾，飞黄伏皁[86]；诸北、儋耳之国，莫不献其贡职，然犹未及虙戏氏之道也。

往古之时，四极废，九州裂，天不兼覆，地不周载，火爁[炎]焱[87]而不灭，水浩[洋]溔[88]而不息，猛兽食颛[89]民，鸷鸟攫老弱。于是女娲[90]炼五色石以补苍天，断鳌足以立四极[91]，杀黑龙[92]以济冀州，积芦灰以止淫水[93]。苍天补，四极正，淫水涸，冀州平，狡虫死，颛民生。背方州，抱圆天，和春阳夏，杀秋约冬，枕方寝绳[94]。阴阳[之]所壅，沈滞不通者，窍理之；逆气戾物，伤民厚积者，绝止之。当此之时，卧倨倨[95]，兴[眄眄]盱盱[96]；一自以为马，一自以为牛；其行蹎蹎[97]，其视瞑瞑；侗然[98]皆得其和，莫知所由生，浮游不知所求，魍魉不知所往[99]。当此之时，禽兽[蝮]虫蛇，无不匿其爪牙，藏其螫毒，无有攫噬之心。考其功烈，上际九天，下契黄垆[100]，名声被后世，光晖[重]熏[101]万物。乘雷车，服[驾]应龙[102]，骖青虬[103]，援绝[瑞]应[104]，席萝图[105]，络黄云，[络][106]前白螭，后奔蛇[107]，浮游消摇，道鬼神，登九天，朝帝于灵门，宓穆休于太祖之下[108]。然而不彰其功，不扬其声，隐真人之道[109]，以从天地之固然[110]。何则？道德上通，而智故[111]消灭也。

逮至夏桀之时，主暗晦而不明，道澜漫而不修；弃捐五帝之恩刑，推蹶三王之法籍；是以至德灭而不扬，帝道掩而不兴；举事戾苍天，发号逆四时；春秋缩其和[112]，天地除其德。仁君处位而不安，大夫隐道而不言。群臣准上意而[怀当]坏常[113]，疏骨肉而自容。邪人参耦，比周而阴谋，居君臣父子之间而竞载，骄主而像[114]其意，乱人以成其事。是故君臣乖而不亲，骨肉疏而不附；植社槁而[竮]罅裂[115]，容台振而掩覆[116]；犬群嗥而入渊[117]，豕衔蓐而席澳[118]。美人挐首墨面而不容[119]，曼声吞炭内闭而不歌[120]，丧不尽其哀，猎不听其乐。西[老]姥折胜[121]，黄神啸吟[122]，飞鸟铩翼，走兽废脚，山无峻榦，泽无洼水[123]。狐狸首穴，马牛放失。田无立禾，路无薠莎[蕡][124]。金积折廉，璧袭无[理][125]，磬龟[126]无腹，蓍策日施。

晚世之时，七国异族[127]，诸侯制法，各殊习俗，纵横间之，举兵而相角。攻城滥杀，覆高危安。掘坟墓，扬人骸。大冲车，高重[京]垒。除战道，便死路。犯严敌，残不义。百往一反，名声苟盛也！是故，质壮轻足者，为甲卒千里之外，家老羸弱，凄怆于内；厮徒马圉，軵车奉馕[128]，道路辽远，霜雪亟集，短褐不完，人羸车弊，泥涂至膝，相携于道，奋首于路，身枕格而死[129]。所谓兼国有地者，伏尸数十万，破车以千百数，伤弓弩矛戟矢石之创者，扶举于路。故世至于枕人头，食人肉，菹人肝，饮人血，甘之[于]如刍豢。故自三代以后者，天下未尝得安其情性而乐其习俗，保其修命[天]，而不夭于人虐也。所以然者何也？诸侯力征，天下不合而为一家。

逮至当今之时，天子在上位，持以道德，辅以仁义。近者献其智，远者怀其德，拱揖指麾而四海宾服，春秋冬夏皆献其贡职，天下混而为一，子孙相代，此五帝之所以迎天德也。夫圣人者不能生时，时至而弗失也。辅佐有能，黜谗佞之端，息巧辩之说，除刻削之法，去烦苛之事，屏流言之迹，塞朋党之门。消知能，修太常[130]，隳肢体，绌聪明[131]，大通混冥，解意释神，漠然若无魂魄，使万物各复归其根，则是所修伏羲氏之迹而反五帝之道也。夫[钳且]钦负大丙不施辔衔而以善御闻于天下，伏羲、女娲不设法度而以至德遗于后世，何则？至虚无、纯一，而不嘤喋[132]苛事也。《周书》曰："掩雉不得，更顺其风。"今若夫申、韩、商鞅[133]之为治也，挬[134]拔其根，芜弃其本，而不穷究其所由生。何以至此也？凿五刑，为刻削，乃背道德之本，而争于锥刀之末。斩艾百姓[135]，殚尽太半，而忻忻然常自以为治，是犹抱薪而救火，凿窦而[出]止水。夫井植生[梓]蘖而不[136]容瓮，沟植生条而不容舟[137]，不过三月必死。所以然者何也？皆狂生而无其本者也。河九折注于海，而流不绝者，有昆仑之输也[138]。潦水不泄，瀇瀁极望[139]，旬月不雨，则涸而枯泽[140]，受瀷而无源[者]也[141]。譬若羿请不死之药于西王母，姮娥窃以奔月[142]，怅然有丧，无以续之[143]。何则？不知不死之药所由生也。是故乞火不若取燧，寄汲不若凿井。

[1]览观幽冥变化之端，至精感天，通达无极，故曰览冥。[2]神物：神化之物，谓玄鹤及无头鬼等是也。言师旷奏白雪之音，而神物如玄鹤之类来至，无头之鬼操戈以舞也。　[3]癃病：或云笃疾，或云疠疾也。赤地：旱也。　[4]庶女：齐之女少寡，无子不嫁，事姑谨敬。姑无男有女，女利母财，令母嫁妇，妇终不肯；女杀母以诬寡妇，妇不能自明，冤告天，天为作雷电下击，坏景公之台，毁景公之支体，海水为之大溢出也。[5]尚菒：即《周官》之典枲（菒字俗作"枲"）。言"典枲"本贱官，而瞽师庶女则又贱于典枲。枲，谓麻枲。《周礼·天官》，典枲掌布缌缕纻麻草之物。　[6]九天：谓八方中央也。[7]阳侯之波：高诱谓阳侯乃古阳国侯，其国近水（俞樾以为当是沂水），溺死于水，其神能为大波，有所伤害，因谓之阳侯之波。然陶潜谓阳侯为伏羲六佐之一，主江海，《路史》亦谓阳侯司渡。是阳侯乃江海之神，犹称冯夷为河伯也。　[8]抎："挥"的异体字。　[9]鲁阳公：鲁阳，楚之县；公，楚平王之孙，司马子期之子，《国语》所谓鲁阳文子也。楚僭号称王，其守县大夫皆称公，故曰鲁阳公。　[10]三舍：即三十度也。二十八宿在天，一宿为一舍，一舍十度，故三舍乃为三十度也。日为之反三舍者，言日在天反退三十度，将暝而迟之未即暮也。[11]宗：谓道之本也。　[12]偶：与"寓"通，言特寄寓于人之形耳，而内有大道也。　[13]古人凡言至少，以一言之；至多以九言之。故"观九钻一"者，言所观览者多而所钻研者少也。《精神篇》曰："能知一则无一之不知也；不能知一则无一之能

知也。”是其义。　[14]雍门子：名周，善弹琴，又善哭。雍门：齐之西门也，居近之，因以为氏。孟尝君：齐相田文也。　[15]增：重也。欷（xī）：悲泣气咽而抽息也。歍（wū）唈：哭失声也。　[16]狼戾：犹交横、狼藉也。　[17]言主宰乎形骸者也。　[18]蒲且子：楚人，善弋射者。　[19]詹何：楚人，善钓，知道术。《庄子》言詹何之钩，以牛为饵。骛鱼，谓令鱼驰骛来趋钩饵也。　[20]知：读为智；论者，知也。《说山训》：“以小明大，以近论远。”高诱注曰：“论，知也。”知不能论：言智者不能知也。　[21]湛：通“沉”；酒沉，谓米面曲之沉者，东风至则相感而沸动也。或谓湛溢二字当连读，“湛”与“淫”同，湛溢，谓淫溢也；酒性温，故东风至而酒为之加长，乃湛溢也。　[22]老蚕上下丝于口，故曰“咡丝”。新丝出，故丝脆。商于五音最细而急，故绝也。咡，或作“珥”；蚕老时丝在身中，正黄，达见于外，如珥也。商，西方金音也，蚕，午火也。火壮金困，应商而已，或有新故相感者也（高诱注）。咡，音ér。　[23]运：同“晕”。《说文》：晕，日月气也。月晕，绕月周匝，有似军营相围守，故古人以为将有军事相围守，则月晕出也。围必有缺口，古人以为此亦可于月晕豫觇得之。《博物志》谓：“凡月晕随灰画之，随所画而阙，《淮南子》云。未详其法。”即指此也。　[24]鲸鱼死在海边，多因潮退被搁，古人以为与彗星有关。　[25]山中气出云似草莽，水气出云似鱼鳞。　[26]旱云亢阳似烟火。涔，大潦水也。云出于涔，似波水也。　[27]夫燧，许慎注曰：“五石之铜精，圆以仰日则得火。”高诱谓：“夫燧，金也。取金杯无缘者，熟摩令热，日中时以当日下，以艾承之，则燃得火也。”又《艺文类聚》火部引《淮南》旧注曰：“日高三四丈，持以向日，燥艾承之，寸余；有顷，焦；吹之即得火。”与高诱注义同而文异。[28]方诸，高诱注云：“方诸，阴燧，大蛤也。熟摩令热，月盛时以向月下，则水生，以铜盘受之，下水数滴。”《周礼》司烜，郑注，鉴，镜属，取水者也，世谓之方诸。《御览》五十八引注曰：“方诸形若杯，无耳，以五石合治，以十二月夜半作之，以承水，即来。”人各一说，未知孰是。 [29]言手虽览得微物，不能得其光；一说天道广大，手虽能征其忽怳无形者，不能览得日月之光也。 [30]傅说：殷高宗相，死托精于辰尾星。 [31]飂飂（liáo）：高风貌。 [32]“亲近者使无事焉”之“使”，当作“言”。无为：无事，犹今人言无用也。夜行：喻入道者如夜行幽冥之中，为能有召远亲近之道也。此言使不足以召远，言不足以亲近，惟诚足以动之耳。 [33]“却走马以粪”，见《老子》。言止马不以走，但以马粪田也，盖行至德之效也。车轨不接于远方之外，言国君无道，戎马生于郊也。[34]坐驰陆沉，昼冥宵明，高诱注：“言坐行神化，疾于驰传，沉浮冥明，与道合也。”然合上文观之，则高注殊不可通。按“坐驰陆沉”与“昼冥宵明”相对为文；“昼冥宵明”犹言谓昼为冥，谓宵为明也，依此则“坐驰陆沉”犹言坐而求驰，陆而求沉也，与下文“以冬铄胶，以夏造冰”，意义适合，俱言求之非其道也。“却走马以粪”等六语，犹言行至德（却走马以粪）而天下不一（车轨接于远方之外）者，是犹谓昼是冥，谓宵为明，坐而求驰，陆而求沉，以冬铄胶，以夏造冰也。 [35]铄（shuò）：

熔解也。　[36]隋侯：汉东之国，姬姓诸侯也。隋侯见大蛇伤断，以药敷之，后蛇于江中衔大珠以报之，因曰隋侯之珠。

[37]楚人卞和得美玉璞于荆山之下，以献武王；武王以示玉人，玉人以为石；王怒，刖卞和左足。后文王即位，和复来献玉，又以为石也，刖其右足。和乃抱璞不释而泣血。后成王即位，和又献之。成王曰："先君轻刖而重剖石"。遂剖视之，果得美玉，以为璧，盖纯白夜光，因曰和氏之璧。　[38]窈（yǎo）：深远也。　[39]王孙绰：周人，一曰卫人也。王孙绰盖以为治偏枯之药既一剂可愈偏枯，则倍其剂当可以回生已死之人也。

[40]慈石：即磁石。　[41]以蟹置漆中，则败坏不燥，不任用也。　[42]然：了然，犹明也。言虽有明智之士，不能明其理也。　[43]峣山：在雍州（今陕西、甘肃及青海一部）。

[44]薄落：水在冯翊；一曰泾水也。　[45]区：同"欧"，区冶：越人，善铸剑。淳钩：为古名剑。　[46]左强：纣之谀臣，教纣无道，劝以贪淫也。　[47]儵鱼：小鱼也。在河中可观见而不可得。道亦如之。儵，"倏"的异体字。　[48]叩大宫则少宫应，弹大角则少角应。古人称同音相和，即今谓共鸣。　[49]一弦，宫音也，音之君也，故二十五弦皆和也。

[50]太和谓等死生之和。　[51]纯：一也。温：和也。沦：没也。钝闷：无情也。纯温以沦：喻潜伏也。钝闷以终言无情而终始于道。　[52]赤螭、青虬：皆龙属。　[53]荐梅：梅，通"莓"，草莓也。状如桑椹，其色赤，生江滨。　[54]噆（zǎn）：啮也。　[55]鳝，《说文》："鳝，鱼也，皮可以为鼓。"

[56]扶风：疾风也。　[57]狖（yòu）：猿属，长毛而卬鼻。

[58]澹：溢也。 [59]佼，读为姣。《广雅》曰：姣，侮也。言燕雀轻侮凤凰也。 [60]还：当为“遝”字之误。遝，同“逮”。曾：高也。逝：飞也。 [61]疏圃：在昆仑之山。 [62]砥柱：河中巨石也。 [63]邅回：犹徜徉也。蒙汜：日所出之地也。渚：小洲也。 [64]躡：至也。都广：东南之山名，众帝所自上下也。 [65]言凤凰过都广之野，送日入于抑节之地，言其翔之广也。 [66]弱水：《海内十洲记》言有弱水三千里环绕昆仑。 [67]风穴：风所从出者也。《博物志》云：风山之首，方高三百里，风穴如电突，深三十里。《十洲记》曰：玄洲在北海上，有风声，响如雷，上对天之西北门也。 [68]鸧鸖：《艺文类聚》九十，《御览》九百十五引，并作“苍鹤”。鸧鸹：水鸟名，大如鹤，青苍色，亦有灰色者，长颈高脚，两颊红。鸖，同“鹤”。 [69]注喙：喙注地不敢动也。江裔：江边也。《御览》引作“江介”。 [70]王良：晋大夫邮无恤子良也。为赵简子御。造父：嬴姓，伯翳之后，飞廉之子，为周穆王御。 [71]毕：疾也。 [72]灭：没也；言疾也。[73]言马如人志也。 [74]二人皆古得道之人。 [75]玄：天也。运：行也。 [76]朕：兆朕也。垠：形状也。 [77]碣石：山名。《山海经》言碣石，盖以为海滨神山也。 [78]轶：自后过前曰“轶”。鹍（kūn）鸡：凤凰之别名。姑余：山名，在吴。 [79]纵：履也。纵矢：言其疾足以及箭也。蹑：蹈也。[80]猋：疾风也。《尔雅》：扶摇谓之猋。亦作“飙”。忽：亦疾风也。亦作“飔”。 [81]榑桑：神木，日所出也。亦作“扶桑”。朝发榑桑：谓与日俱出。 [82]入日：谓及日于将入也。

落棠：山名，日所入也。入日落棠：谓与日俱入。　[83]言藏嗜欲之形于胸臆之中（高诱注）。　[84]力牧、太山稽：黄帝师。　[85]隈：曲深处，鱼所聚也。　[86]飞黄：乘黄也，出西方，状如狐，背上有角，寿三千岁，此乃神马也。《山海经·海外西经》言白民国有乘黄，其状如狐，背上有角。皁：栎实也。　[87]爁（làn）：火貌。焱：火华也。爁焱：火延也。[88]溔（yāo）：水无涯际貌也。　[89]颛：善也。《艺文类聚》十一引此及下文"狡虫死，颛民生"，颛并作"精"，又引注云：精，善也。　[90]女娲氏，旧说继伏羲氏而有天下，蛇身人首。实乃神话中之神也。　[91]上文言"四极废"，此言以立四极，同指一事。四极者，地之四角；盖古以为天圆地方，而天地相接合处乃在地之四角，有柱以支天。四极既废，天乃倾侧而不兼覆，女娲断鳌足以为柱，四极复立，天乃复兼覆也。[92]黑龙：水精也。　[93]平地出水谓之淫水。　[94]寝绳：言直身而卧也。　[95]倨倨：无思虑也。　[96]盱盱：所无知貌。　[97]瞋，读若填。瞋瞋：行无所往貌。　[98]侗（tóng）然：无知识也。　[99]《北堂书钞》十五引作"浮游不知所来，罔两不知所往"。来往对文，于义为长。罔两，有惘然之意。　[100]黄垆：黄泉有垆山也。　[101]熏：犹薰炙也，谓光辉薰炙万物。　[102]应龙：应德之龙；一说有翼之龙。按《山海经·大荒东经》：应龙处南极。郭注，应龙，龙有翼者也。服：驾龙而在辕中也。　[103]青虬：青龙也。《说文》：龙子有角曰虬。高诱以为无角曰虬。未知孰是。骖，谓在辕旁也。[104]言殊绝之瑞应，援而致之也。　[105]言罗列图籍，以为席蓐也。一说，萝图，车上席也。未知所本。 [106]络：谓车之垂络也。黄云之气络其车。 [107]白螭，导在于前。奔蛇：腾蛇也，从在于后。此皆瑞应也。 [108]宓：宁也。穆：和也。休：息也。太祖：道之大宗也（高诱注）。 [109]真人：谓真德之人。 [110]固然：自然也。 [111]智故：巧诈也。 [112]缩：藏也。言春秋不复温和也。 [113]坏常：谓败坏其典常也。 [114]像：犹随也。 [115]言不禋于神，故祀塼裂也。塼：同“罅”，裂也，坼也。 [116]容台：行礼容之台；言不能行礼，故天文振动而败也。 [117]言将灭坏，犬失其主，故嗥而入渊也。一说，言犬祸也。 [118]豕衔蓐自藏，言豕祸也。 [119]挐（rú）首：乱头也。草与发并编为挐首。言不修容饰也。 [120]曼声：善歌也，见世乱，故吞炭自败声带，闭气不复歌也。 [121]西姥：谓西王母也。折胜，言折其头上所载胜。胜，音升，头饰也。 [122]黄神：黄帝之神也；伤道之衰，故啸吟而长叹也。 [123]峻榦：美材也。洼水：止水也。 [124]蘋：状如莨。莎：草名也。 [125]金积：金朴也。铜未铸铄曰积石，是积为矿朴之名。折廉：言折其锋廉也。袭：烦数也。璧形圆，上有羸文，用之烦数，则羸文磨灭也。 [126]磬：空也。言数钻以卜，故龟空尽无腹也。 [127]七国：齐、楚、燕、赵、韩、魏、秦也。齐姓田，楚姓芈，燕姓姚，赵姓赵，韩姓韩，魏姓魏，秦姓嬴，故异姓也。 [128]軵（rǒng）：推也。饟（xiǎng）：资粮也，与“饷”同。 [129]格：与“辂”同，谓輓车之横木也。枕格而死：谓困极而仆，身枕輓车之横木也。[130]修太常：《文子·上礼》篇作“循太常”。 [131]言去其小聪明并大利欲者也。　　[132]嚃喋（zá dié）：犹深算也，言不采取苛烦之事。　　[133]申：指申不害；韩：指韩非，皆法家也。　　[134]捽：拔也。　　[135]以草木喻也。　　[136]蘖：又作“枿”，槁木之余也，又为伐木更生之名。井植生蘖者，谓井植复活而萌茁也。　　[137]谓椽杙于沟边，因生为条木也。　　[138]言有昆仑之源也。　　[139]瀇瀁（wǎng yǎng）：水深广貌。　　[140]涸而枯泽者，涸如枯泽也。“而”“如”古通用。　　[141]瀷（yì）：凑漏之流曰“瀷”。　　[142]姮娥：羿妻。羿请不死之药于西王母，未及服之，姮娥盗食之，得仙，奔入月中为月精。　　[143]言羿怅然失志，若有所丧也，不能复得不死药以续之。

# 精神篇

古未有天地之时，惟像[1]无形，窈窈冥冥，芒芠漠闵，澒濛鸿洞[2]，莫知其门。有二神混生[3]，经天营地，孔乎[4]莫知其所终极，滔乎[5]莫知其所止息。于是乃别为阴阳，离为八极[6]，刚柔相成，万物乃形。烦[7]气为虫，精气为人。是故精神，天之有也，而骨骸者，地之有也。精神入其门，而骨骸反其根，我尚何存[8]？是故圣人法天顺情，不拘于俗，不诱于人。以天为父，以地为母，阴阳为纲，四时为纪。天静以清，地定以宁。万物失之者死，法之者生。夫静漠者，神明之定也；虚无者，道之所居也。是故或求之于外者，失之于内；有守之于内者，失之于外。譬犹本与末也，从本引之，千枝万叶，莫不随也。

夫精神者，所受于天也，而形体者，所禀于地也。故曰一生二，二生三，三生万物。[9]万物背阴而抱阳，冲气以为和。故曰：一月而膏，二月而肤[10]，三月而胎，四月而肌，五月而筋，六月而骨，七月而成，八月而动，九月而躁，十月而生。形体以成，五藏乃形，是故肺主目，肾主鼻，胆主口，肝主耳。外为表而内为里，开闭张歙，各有经纪。故头之圆也象天，足之方也象地。天有四时、五行、九解[11]、三百六十[六]日，人亦有四支、五藏、九窍、三百六十[六]节。天有风雨寒暑，人亦有取与喜怒。故胆为云，肺为气，[肝]脾为风，肾为雨，[脾]肝为雷，以与天地相参也，而心为之主。是故耳目者日月也，血气者风雨也。日中有踆乌，而月中有蟾蜍[12]。日月失其行，薄蚀无光；风雨非其时，毁折生灾；五星[13]失其行，州国受殃。夫天地之道，至纮以大，尚犹节其章光，爱其神明；人之耳目，曷能久[熏]勤劳而不息乎？精神何能久驰骋而不既乎？是故血气者，人之华也，而五藏者，人之精也。夫血气能专于五藏而不外越，则胸腹充而嗜欲省矣；胸腹充而嗜欲省，则耳目清，听视达矣。耳目清听视达谓之明。五藏能属于心而无乖，则教志胜而行不僻矣；教志胜而行[之]不僻，则精神盛而气不散矣；精神盛而气不散则理，理则均，均则通，通则神，神则以视无不见，以听无不闻也，以为无不成也。是故忧患不能入也，而邪气不能袭。故事有求之于四海之外而不能遇，或[守]得之于形骸之内而不见也；故所求多者所得少，所见大者所知小。夫孔窍者精神之户牖也，而气志者五藏之使候也。耳目淫于声色之乐，则五藏摇动而不定矣；五藏摇动而不定，则血气滔荡而不休矣；血气滔荡而不休，则精神驰骋于外而不守矣；精神驰骋于外而不守，则祸福之至，虽如丘山，无由识之矣。使耳目精明玄达而无诱慕，气志虚静恬愉而省嗜欲，五藏定宁充盈而不泄，精神内守形骸而不外越，则望于往世之前，而视于来事之后，犹未足为也，岂直祸福之间哉！故曰："其出弥远者，其知弥少。"以言夫精神之不可使外淫也。是故五色乱目，使目不明；五声哗耳，使耳不聪；五味乱口，使口厉爽[14]；[伤]趣舍滑心，使行飞扬[15]。此四者，天下之所以养性也，然皆人累也。故曰：嗜欲者使人之气越，而好憎者使人之心劳，弗疾去则志气日秏[16]。夫人之所以不能终其寿命，而中道夭于刑戮者，何也？以其生生之厚。夫惟能无以生为者，则所以得修[得]生也[17]。

夫天地运而相通，万物总而为一[18]。能知一[19]则无一[20]之不知也；不能知一[21]则无一[22]之能知也。譬吾处于天下也，亦为一物矣，不识天下之以我备其物与，且惟无我而物无不备者乎？然则我亦物也，物亦物也，物之与物也，又何以相物也。虽然，其生我也，将以何益？其杀我也，将以何损？夫造化者既以我为坯矣，将无所违之矣[23]，吾安知夫刺灸而欲生者之非惑也，又安知夫绞经而求死者之非福也？或者生乃徭役也，而死乃休息也。天下茫茫，孰知之哉？其生我也，不强求已；其杀我也，不强求止。欲生而不事，憎死而不辞；贱之而弗憎，贵之而弗喜。随其天资，而安之不极[24]。吾生也有七尺之形，吾死也有一棺之土。吾生之比于有形之类，犹吾死之沦于无形之中也。然则吾生也，物不以益众；吾死也，土不以加厚。吾又安知所喜憎利害其间者乎？夫造化者之攫援物也，譬犹陶人之埏埴也，其取之地而已为盆盎也，与其未离于地也，无以异；其已成器而破碎漫澜而复归其故也，与其为盆盎，亦无以异矣。夫临江之乡，居人汲水以浸其园，江水弗憎也；苦洿[25]之家，决洿而注之江，洿水弗乐也。是故其在江也，无以异其浸园也；其在洿也，亦无以异其在江也。是故圣人因时以安其位，当世而乐其业。夫悲乐者，德之邪也；而喜怒者，道之过也；好憎者，心之[暴]累[26]也。故曰，其生也天行，其死也物化；静则与阴[俱闭]合德，动则与阳[俱开]同波；精神澹然无极，不与物散而天下自服。故心者形之主也，而神者心之宝也，形劳而不休则蹶，精用而不已则竭，是故圣人贵而尊之，不敢越也。夫有夏后氏之璜[27]者，匣匮而藏之，宝之至也。夫精神之可宝也，非直夏后氏之璜也。

是故圣人以无应有，必究其理；以虚受实，必穷其节；恬愉虚静，以终其命。是故无所甚疏，而无所甚亲。抱德炀和，以顺于天；与道为际，与德为邻；不为福始，不为祸先；魂魄处其宅，而精神守其根，死生无变于己。故曰至神。

所谓真人者，性合于道也。故有而若无，实而若虚；处其一，不知其二，治其内，不识其外[28]；明白太素，无为复朴。体本抱神，以游于天地之樊，芒然仿佯于尘垢之外，而消摇于无事之业。浩浩荡荡乎，机械之巧，弗载于心。是故死生亦大矣，而不为变；虽天地覆育，亦不与之抮抱矣[29]。审乎无瑕而不与物糅，见事之乱而能守其宗。若然者，正肝胆，遗耳目；心志专于内，通达耦于一[30]；居不知所为，行不知所之；浑然而往，逯然而来[31]。形若槁木，心若死灰，忘其五藏，损其形骸。不学而知，不视而见，不为而成，不治而辩。感而应，迫而动，不得已而往，如光之耀，如景之[放]象[32]，以道为紃，有待而然[33]。抱其太清之本，而无所容与，而物无能营。廓惝而虚，清靖而无思虑。大泽焚而不能热，河汉涸而不能寒也，大雷毁山而不能惊也，大风晦日而不能伤也。是故视珍宝珠玉犹砾石[砾]也；视至尊穷宠犹行客也，视毛嫱西施犹[颠丑]倛魄也[34]。以[死]千生为一化，以万物为一方，同精于太清之本，而游于忽区[35]之旁。有精而不使，有神而不行，契大浑之朴，而立至清之中。是故其寝不梦，其智不萌[36]，其魄不抑，其魂不腾。反覆终始，不知其端绪。甘瞑于太宵[37]之宅，而觉视于昭昭之宇；休息于无委曲之隅，而游敖于无形埒之野。居而无容，处而无所；其动无形，其静无体；存而若亡，生而若死；出入无间，役使鬼神；沦于不测，入于无间。以不同形相嬗也，终始若环，莫得其伦。此精神之所以能登假于道也。是[故]真人之所游也。

若吹呴呼吸，吐故内新，熊经[38]鸟伸，凫浴蝯躩，鸱视虎顾，是养形之人也。不以滑心[39]。使神滔荡而不失其充[40]，日夜无伤而与物为春，则是合而生时于心也[41]。且人有戒形而无损[于]心[42]，有缀宅而无耗精[43]。夫癞者趋不变[44]，狂者形不亏[45]，神将有所远徙，孰暇知其所为。故形有摩[46]灭而神未尝化者，以不化应化，千变万掺，而未始有极。化者，复归于无形也；不化者，与天地俱生也。夫木之死也，青青去之也。夫使木生者岂木也？犹充形者之非形也。故生生[47]者未尝死也，其所生则死矣；化物者未尝化也，其所化则化矣。轻天下，则神无累矣；细万物，则心不惑矣；齐死生，则志不慑矣；同变化，则明不眩矣。

众人以为虚言，吾将举类而实之。

人之所以乐为人主者，以其穷耳目之欲，而适躬体之便也。今高台层榭，人之所丽也，而尧[朴]桷不斲，素题不枅[48]；珍怪奇[异]味，人之所美也，而尧粝粢之饭，藜藿之羹；文绣狐白，人之所好也，而尧布衣掩形，鹿裘御寒。养性之具不加厚，而增之以任重之忧。故举天下而传之于舜，若解重负然。非直辞让，诚无以为也，此轻天下之具也。

禹南省，方济于江，黄龙负舟，舟中之人，五色无主。禹乃熙笑而称曰："我受命于天，竭力而劳万民。生，寄也；死，归也。何足以滑和？"视龙犹蝘蜓[49]，颜色不变，龙乃弭耳掉尾而逃。禹之视物亦细矣！

郑之神巫相壶子林，见其征[50]，告列子。列子行泣报壶子，壶子持以天壤[51]，名实不入，机发于踵[52]。壶子之视死生亦齐矣[53]！

子[求]来行年五十有四，而病伛偻，脊管高于顶，䐿[下]肝[54]迫颐，两脾在上，烛营[55]指天。匍匐自窥于井曰："伟哉！造化者其以我为此拘拘[56]耶！"此其视变化亦同矣！

故睹尧之道，乃知天下之轻也；观禹之志，乃知天下之细矣；原壶子之论，乃知死生之齐也；见子[求]来之行，乃知变化之同也。夫至人倚不拔之柱，行不关之涂；禀不竭之府，学不死之师；无往而不遂，无至而不通；生不足以挂志，死不足以幽神；屈伸俯仰，抱命而婉转；祸福利害，千变万纱，孰足以患心！若此人者，抱素守精，蝉蜕蛇解，游于太清，轻举独[住]往，忽然入冥。凤凰不能与之俪，而况[57]斥鷃乎？势位爵禄，何足以概志也！

晏子与崔杼盟，临死地而不易其义。殖、华[58]将战而死，莒君厚赂而止之，不改其行。故晏子可迫以仁，而不可劫以兵；殖、华可止以义，而不可县以利。君子义死而不可以富贵留也，义为而不可以死亡恐也。彼则直为义耳，而尚犹不拘于物，又况无为者矣！尧不以有天下为贵，故授舜；公子札不以有国为尊，故让位[59]；子罕不以玉为富，故不受宝[60]；务光不以生害义，故自投于渊。由此观之，至贵不待爵，至富不待财。天下至大矣，而以与佗人[61]；身至亲矣，而弃之渊[62]。外此其余无足利矣，此之谓无累之人。无累之人不以天下为贵矣！上观至人之论，深原道德之意，以下考世俗之行，乃足羞也。

故通许由之意，《金縢》《豹韬》废矣；延陵季子不受吴国，而讼间田者惭矣；子罕不利宝玉，而争券契者愧矣；务光不污于世，而贪利偷生者闷矣。故不观大义者，不知生之不足贪也；不闻大言者，不知天下之不足利也。今夫穷鄙之社也，叩盆拊瓴[63]，相和而歌，自以为乐矣。尝试为之击建鼓，撞巨钟，乃[性]始仍仍然知其盆瓴之足羞也。藏《诗》《书》，修文学，而不知至论之旨，则拊盆叩瓴之徒也。夫无以天下为者，学之建鼓矣。

尊势厚利，人之所贪也；使之左据天下图，而右手刎其喉，愚夫不为。由此观之，生[尊]贵于天下也。圣人食足以接气，衣足以盖形，适情不求余；无天下不亏其性，有天下不羡其和，有天下无天下一实也。今赣人敖仓[64]，予人河水，饥而餐之，渴而饮之，其入腹者，不过箪食瓢浆，则身饱而敖仓不为之减也，腹满而河水不为之竭也。有之不加饱，无之不为之饥，与守其篅笆[65]，有其井，一实也。

人，大怒破阴，大喜坠阳，大忧内崩，大怖生狂。除秽去累，莫若未始出其宗，乃为大通。清目而不以视，静耳而不以听，钳口而不以言，委心而不以虑。弃聪明而反太素，休精神而弃知故。觉而若[昧]眯，[以]生而若死。终则反本未生之时，而与化为一体。死之与生，一体也。

今夫繇[66]者揭钁臿，负笼土，盐汗交流，喘息薄喉。当此之时，得茠越下[67]，则脱然而喜矣。岩穴之间，非直越下之休也。病[疵]疝瘕者，捧心抑腹，膝上叩头，蜷跼而谛[68]，通夕不寐。当此之时，哙[69]然得卧，则亲戚兄弟欢然而喜。夫修夜之宁，非直一哙之乐也。故知宇宙之大，则不可劫以死生。知养生之和，则不可县以天下。知未生之乐，则不可畏以死。知许由之贵于舜，则不贪物。墙之立，不若其偃也，又况不为墙乎？冰之凝，不若其释也，又况不为冰乎？自无蹠有，自有蹠无，终始无端，莫知其所萌。非通于外内，孰能无好憎？无外之外，至大也；无内之内，至贵也。能知大贵，何往而不遂？衰世凑学，不知原心反本[70]，直雕琢其性，矫拂其情，以与世交。故目虽欲之，禁之以度；心虽乐之，节之以礼。趋翔周旋，诎节卑拜，肉凝而不食，酒澄而不饮。外束其形，内[总]愁其德[71]，钳阴阳之和，而迫性命之情，故终身为悲人。达至道者则不然，理情性，治心术，养以和，持以适，乐道而忘贱，安德而忘贫。性有不欲，无欲而不得；心有不乐，无乐而不为。无益于情者不以累德，[而]不便于性者，不以滑和。故纵体肆意，而度制可以为天下仪。

今夫儒者，不本其所以欲，而禁其所欲；不原其所以乐，而闭其所乐。是犹决江河之源，而障之以手也。夫牧民者，犹畜禽兽也，不塞其囿垣，使有野心，系绊其足，以禁其动，而欲修生寿终，岂可得乎？夫颜回、季路、子夏、冉伯牛，孔子之通学也。然颜渊夭死，季路菹于卫，子夏失明，冉伯牛为厉[72]。此皆迫性拂情，而不得其和也。故子夏见曾子，一癯[73]一肥。曾子问其故，曰："出见富贵之乐而欲之，入见先王之道又说之。两者心战，故癯；先王之道胜，故肥。"推其志，非能不贪富贵之位，不便侈靡之乐，直[宜]迫性闭欲，以义自防也。虽情心郁殪，形性屈竭，犹不得已自强也，故莫能终其天年。若夫至人，量腹而食，度形而衣，容身而游，适情而行，余天下而不贪，委万物而不利。处大廓之宇，游无极之野，登太皇，冯太一，玩天地于掌握之中，夫岂为贫富肥癯哉！故儒者非能使人弗欲也，欲而能止之；非能使人勿乐也，乐而能禁之。夫使天下畏刑而不敢盗，岂若能使无有盗心哉？越人得髯蛇以为上肴，中国得而弃之无用。故知其无所用，贪者能辞之，不知其无所用，廉者不能让也。

夫人主之所以残亡其国家，捐弃其社稷，身死于人手，为天下笑，未尝非为非欲也。夫仇由贪大钟之赂而亡其国[74]；虞君利垂棘之璧而禽其身；献公艳骊姬之美而乱四世；桓公甘易牙之和而不以时葬[75]；胡王淫女乐之娱而亡上地[76]。使此五君者适情辞余，以己为度，不随物而动，岂有此大患哉？故射者，非矢不中也，学射者不治矢也[77]；御者，非辔不行，学御者不为辔也。知冬日之箑[78]，夏日之裘，无用于己，则万物之变为尘埃矣。故以汤止沸，沸乃不止，诚知其本，则去火而已矣。

---

[1]惟像：或说当作“惘像”。惘像，犹“罔象”也。罔象乃叠韵字，与下文“澒濛鸿洞”一律，皆无形之象。　[2]芒，芠，澒，洞，皆无形之象也。　[3]二神：指阴阳也。混生：俱生也。　[4]孔乎：深貌。　[5]滔乎：大貌。　[6]离：散也。八极：八方也。　[7]烦：乱也。　[8]言人死之后，精神返于天，骨骸归于地，则所谓“我”，尚何所存乎？　[9]一谓

道也；二谓神明也；三谓和气也。或谓一者元气也。生二者，乾坤也。 [10]胅（dié）：肿也。 [11]八方中央谓之九解。 [12]踆：三足乌也。蟾蜍：蛤蟆也。 [13]五星：谓荧惑、太白、岁星、辰星、镇星也。 [14]厉爽：病伤滋味也。 [15]滑：乱也。飞扬：不从轨度也。 [16]秏（mào）：犹乱也。 [17]修生：长生也。 [18]一：道也。 [19]仍指道而言。 [20]此一指物。 [21]仍指道。 [22]仍指物。 [23]言既以我为人，无所离之；喻不求亦不避也。坯（pī）：未烧之砖瓦。 [24]资：时也；一曰性也。极：急也。 [25]洿（wū）：浊水不流也。 [26]纍：同“暴”。 [27]半璧曰璜，珍玉也。 [28]治其内：守精神也。不识其外：不好憎也。 [29]抮（zhěn）抱：犹持著也。言不以天地养育万物，故强与持着。 [30]一：道也。 [31]浑：转行貌。逯：谓无所为，忽然往来也。 [32]敫（jiǎo）：光景流也。 [33]纠：法也。以道待万物，故曰“有待而然”。 [34]倛（qī）魄：祈雨之土人也。言视毛嫱西施如土偶也。 [35]忽区：忽恍无形之区。 [36]言无思念也。 [37]太宵：长夜之中也。 [38]经：动摇也。 [39]滑：乱也。言熊经鸟伸云云，效禽兽屈伸动作，皆道家练气运动法，仅能养形，非真人之道也。而不乱心神才是真人之所求。 [40]充：实也。一说充当作“元”；元：本也，谓不失其本也。 [41]言若是则合于道，而生四时之化于其心也。 [42]戒：备也。或作“革”。革，改也。心，喻神。 [43]缀宅：身也。精神居其宅则生，离其宅则死。言人虽死，精神终不耗灭也。 [44]病癞者形残而神全，故趋不变。 [45]狂者形体具全，故曰不亏。 [46]摩灭：死也。 [47]生生者，喻道。下句“化物者”亦喻道。 [48]栟：木名，栎木之类。不枅：言不施欂栌（柱上方木）也。 [49]蝘蜓：蜥蜴也。 [50]见其征：言见其死征也。 [51]言精神，天之有也；形骸，地之有也。死自归其本，故曰持天壤也。 [52]机：喻疾也。谓命危殆不旋踵而至，犹不恐惧。 [53]壶子林事详《列子·黄帝》篇。 [54]臈（yì）：胸部。肝（xū）：本同“吁”，叹词，与臈连用，不详所据。 [55]烛营：读曰括撮。《庄子·人间世》：“支离疏者，颐隐于脐，肩高于顶，会撮指天。”司马云，“会撮，髻也。古者髻在项中，脊曲头低，故髻指天。”（按会字乃荟之省，荟亦作括）是烛营亦髻也。 [56]拘拘：好貌。 [57]况（kuàng）：有多层义项，在此作连词，表示递进，相当于何况。 [58]殖：杞梁也；华：华周也。皆齐士。 [59]札：吴王寿梦之少子，让位于侄，不受兄国。 [60]子罕：宋臣。宋人或得玉，以献子罕。子罕不受。献玉者曰：“以示玉人，玉人以为宝，故敢献之。”子罕曰：“我以不贪为宝，子以玉为宝，若与我玉，是皆丧宝也。不如人有其宝。” [61]佗人：尧是也。 [62]渊：务光是也。 [63]瓴：瓶之有耳者。 [64]赣：赐也。敖：地名，古者其地有储谷之仓。 [65]篅笆（chuán dùn）：受谷器。 [66]繇：役也。 [67]庥（xiū）：荫也。两树交会，其阴曰“越”。 [68]谛：啼也。 [69]哙：快也。 [70]凑：趋也。趋其末，不修稽古之典，苟缴名号耳，故曰不知原心反本也。 [71]愁：与“揫（jiū）”同，束也。 [72]厉：癞也。 [73]癯：与“臞”同，瘠也。 [74]仇由：

近晋之狄国，晋智襄子欲伐之，先赂以大钟。仇由之君贪，开道来受钟，为和亲，智伯因是以兵灭取其国也。　[75]齐桓公好味，易牙蒸其长子而进之，遂见信用，专任国政，乱嫡庶。桓公卒，五公子争立，六十日而殡，虫流出户，五月不葬。

[76]胡：西戎之君也。秦穆公欲伐之，先遗女乐以淫其志，其臣由余谏不听，去之；穆公乃伐戎，取上地。上地，美地也。

[77]不治矢：言不为而得用之，然则为者不得用之。　[78]箑（shà）：扇子。

# 齐俗篇

率性而行谓之道，得其天性谓之德；性失然后贵仁，道失然后贵义。是故仁义立而道德迁矣，礼乐饰则纯朴散矣，是非形则百姓眩矣，珠玉尊则天下争矣。凡此四者，衰世之造也，末世之用也。夫礼者所以别尊卑，异贵贱；义者所以合君臣、父子、兄弟、夫妻、朋友之际也。今世之为礼者，恭敬而忮[1]；为义者，布施而德。君臣以相非，骨肉以生怨，则失礼义之本也，故构而多责[2]。夫水积则生相食之鱼，土积则生自[穴]宍[3]之兽，礼义饰则生伪匿[4]之[本]士。夫吹灰而欲无眯，涉水而欲无濡，不可得也。古者，民童蒙，不知东西，貌不羡乎情，而言不溢乎行。其衣，[致][暖]緂[5]而无文；其兵，[戈]铢[6]而无刃；其歌，乐而无转；其哭，哀而无声。凿井而饮，耕田而食，无所施其美，亦不求得。亲戚不相毁誉，朋友不相怨德。及至礼义之生，货财之贵，而诈伪萌兴，非誉相纷，怨德并行。于是乃有曾参、孝已[7]之美，而生盗跖、庄蹻[8]之邪。故有大路龙旂[9]、羽盖垂緌[10]，结驷连骑，则必有穿窬拊楗[抽箕]扣墓逾备之奸[11]；有诡文繁绣，弱緆罗纨[12]，必有菅屩跐踦[13]，短褐[14]不完者。故高下之相倾也，短修之相形也，亦明矣。夫蛤蟆为鹑[15]，水蚕为[蟌莣]蟌[16]，皆生非其类，唯圣人知其化。夫胡人见𪊲[17]，不知其可以为布也；越人见毳[18]，不知其可以为旃[19]也。故不通于物者，难与言化。

昔太公望、周公旦受封而相见。太公问周公曰："何以治鲁？"周公曰："尊尊，亲亲。"太公曰："鲁从此弱矣。"周公问太公曰："何以治齐？"太公曰："举贤而上功。"周公曰："后世必有劫杀之君。"其后齐日以大，至于霸，二十四世而田氏代之[20]。鲁日以削，至三十二世而亡[21]。故《易》曰："履霜，坚冰至"。圣人之见终始微[言]矣。故糟丘生乎象箸[22]，炮烙生乎热斗[23]。子路撜[24]溺而受牛谢[25]，孔子曰："鲁国必好救人于患。"子赣赎人而不受金于府[26]，孔子曰："鲁国不复赎人矣。"子路受而劝德，子赣让而止善。孔子之明，以小知大，以近知远，通于论者也。由此观之，廉有所不在而不可公行也。故行齐于俗，可随也，事周于能，易为也。矜伪以惑世，伉行以违众，圣人不以为民俗。

广厦阔屋，连闼[27]通房，人之所安也，鸟入之而忧；高山险阻、深林丛薄，虎豹之所乐也，人入之而畏；川谷通原、积水重泉，鼋鼍之所便也，人入之而死；《咸池》《承云》《九韶》《六英》[28]，人之所乐也，鸟兽闻之而惊；深溪峭岸、峻木寻枝，猿狖[29]之所乐也，人上之而栗。形殊性诡，所以为乐者，乃所以为哀；所以为安者，乃所以为危也。乃至天地之所覆载，日月之所照诏[30]，使各便其性。安其居，处其宜，为其能。故愚者有所修[31]，智者有所不足。柱不可以摘[32]齿，[筐]筳[33]不可以持屋，马不可以服重，牛不可以追速，铅不可以为刀，铜不可以为弩，铁不可以为舟，木不可以为釜。各用之于其所适，施之于其所宜，即万物一齐，而无由相过。夫明镜便于照形，其于以[函]承食不如[箪]竹箅[34]；牺牛[粹]骍毛[35]，宜于庙牲，其于以致雨不若黑蜧[36]。由此观之，物无贵贱：因其所贵而贵之，物无不贵也；因其所贱而贱之，物无不贱也。夫玉璞不厌厚，角觡[37]不厌薄，漆不厌黑，粉不厌白，此四者相反也，所急则均，其用一也。今之裘与蓑，孰急？见雨则裘不用，升堂则蓑不御，此代为[常]帝者也[38]。譬若舟车楯[肆]肆穷庐[39]，故有所宜也。故老子曰“不上贤者”，言不致鱼于木，沉鸟于渊。故尧之治天下也，舜为司徒，契为司马，禹为司空，后稷为大田[师]，奚仲为工师[40]。其导万民也，水处者渔，山处者[木]采，谷处者牧，陆处者农。地宜其事，事宜其械，械宜其用，用宜其人。泽皋[41]织网，陵阪耕田，得以所有易所无，以所工易所拙。是故离叛者寡，而听从者众。譬若播棋丸于地，员者走泽，方者处高，各从其所安，夫有何上下焉。若风之[遇]过箫，忽然感之，各以清浊应矣。夫猿狖得茂木，不舍而穴；狟狢得埵防[42]，弗去而缘。物莫避其所利，而就其所害。

是故邻国相望，鸡狗之音相闻，而足迹不接诸侯之境，车轨不结千里之外者，皆各得其所安。故乱国若盛，治国若虚，亡国若不足，存国若有余。虚者非无人也，皆守其职也；盛者非多人也，皆徼[43]于末也；有余者非多财也，欲节事寡也；不足者非无货也，民躁而费多也。故先王之法籍非所作也，其所因也；其禁诛非所为也，其所守也。凡[以物]治物者不以物，以[睦]陆[44]治[睦]陆者不以[睦]陆，以人；治人者不以人，以君；治君者不以君，以欲；治欲者不以欲，以性；治性者不[于]以性，以德；治德者不以德，以道。原人之性，芜濊[45]而不得清明者，物或堁[46]之也。羌氐僰翟[47]，婴儿生皆同声，及其长也，虽重象狄騠[48]，不能通其言，教俗殊也。今三月婴儿，生而徙国，则不能知其故俗。由此观之，衣服礼俗者，非人之性也，所受于外也。夫竹之性浮，残以为牒，束而投之水则沉，失其体也；金之性沉，托之于舟上则浮，势有所支也。夫素之质白，染之以涅，则黑；缣之性黄，染之以丹，则赤；人之性无邪，久湛于俗则易，易而忘本，合于若性[49]。故日月欲明，浮云盖之；河水欲清，沙石濊之；人性欲平，嗜欲害之。惟圣人能遗物而反己。夫乘舟而惑者，不知东西，见斗极则寤矣[50]。夫性亦人之斗极也，有以自见也，则不失物之情，无以自见，则动而惑营。譬若陇西之游，愈躁愈沉。孔子谓颜回曰："吾服汝也忘[51]，而汝服于我也亦忘。虽然，汝虽忘乎，吾犹有不忘者存。"孔子知其本也。

夫纵欲而失性，动未尝正也，以治身则危，以治国则乱，以入军则破。是故不闻道者，无以反性。故古之圣王，能得诸己，故令行禁止，名传后世，德施四海。是故凡将举事，必先平意清神，神清意平，物乃可正。若玺之抑埴[52]，正与之正，倾与之倾。故尧之举舜也，决之于目；桓公之取宁戚也，断之于耳而已矣。为是释术数而任耳目，其乱必甚矣。夫耳目之可以断也，反情性也。听失于诽誉，而目淫于采色，而欲得事正，则难矣。夫载哀者闻歌声而泣，载乐者见哭者而笑。哀可乐者，笑可哀者，载使然也，是故贵虚[53]。故水激则波兴，气乱则智昏，智昏不可以为政，波水不可以为平，故圣王执一而勿失，万物之情[既]测矣[54]，四夷九州服矣。夫一者至贵，无适于天下，圣人托于无适，故民命系矣。

为仁者必以哀乐论之，为义者必以取予明之。目所见不过十里，而欲遍照海内之民，哀乐弗能给也；无天下之委财，而欲遍赡万民，利不能足也。且喜怒哀乐，有感而自然者也。故哭之发于口，涕之出于目，此皆愤于中而形于外者也。譬若水之下流，烟之上寻[55]也。夫有孰推之者？故强哭者虽病不哀，强亲者虽笑不和，情发于中，而声应于外。故厘负羁之壶餐[56]，愈于晋献公之垂棘[57]；赵宣孟之束脯[58]，贤于智伯之大钟[59]。故礼丰不足以效爱，而诚心可以怀远。故公西华[60]之养亲也，若与朋友处；曾参之养亲也，若事严主烈君，其于养一也。故胡人弹骨[61]，越人契臂[62]，中国歃血[63]也，所由各异，其于信一也。三苗髽[64]首，羌人括[65]领，中国冠笄[66]，越人劗鬋[67]，其于服一也。帝颛顼之法，妇人不辟男子于路者，拂[68]于四达之衢。今之国都，男女切踦[69]，肩摩于道，其于俗一也。故四夷之礼不同，皆尊其主，而爱其亲，敬其兄；猃狁[70]之俗相反，皆慈其子，而严其上。夫鸟飞成行，兽处成群，有孰教之？故鲁国服儒者之礼，行孔子之术，地削名卑，不能亲近来远。越王句践劗发文身，无皮弁搢笏[71]之服，拘罢拒折之容[72]，然而胜夫差于五湖，南面而霸天下，泗上十二诸侯皆率九夷以朝。胡、貉、匈奴之国，纵体拖发，箕倨反言，而国不亡者，未必无礼也。楚庄王裾衣博袍[73]，令行乎天下，遂霸诸侯。晋文君大布[74]之衣，牂羊[75]之裘，韦以带剑威立于海内。岂必邹鲁[76]之礼之谓礼乎？是故入其国者从其俗，入其家者避其讳，不犯禁而入，不忤逆而进，虽之夷狄徒倮[77]之国，结轨乎远方之外，而无所困矣。

礼者实之文也，仁者恩之效也。故礼因人情而为之节文，而仁发怢[78]以见容。礼不过实，仁不溢恩也，治世之道也。夫三年之丧，是强人所不及也，而以伪辅情也；三月之服[79]，是绝哀而迫切之性也。夫儒、墨不原人情之终始，而务以行相反之制。五缞之服[80]，悲哀抱于情，葬埋称于养，不强人之所不能为，不绝人之所不能已，度量不失于适，诽誉无所由生。古者非不知繁升降槃还之礼也，蹀《采齐》《肆夏》[81]之容也，以为旷日烦民而无所用，故制礼足以佐实喻意而已矣。古者非不能陈钟鼓，盛管箫，扬干戚，奋羽旄，以为费财乱政，制乐足以合欢宣意而已，喜不羡于音。

非不能竭国麋民，虚府殚财，含珠鳞施[82]，纶组节束[83]，追送死也，以为穷民绝业而无益于槁骨腐肉也，故葬埋足以收敛盖藏而已。昔舜葬苍梧，市不变其肆[84]；禹葬会稽[85]之山，农不易其亩。明乎生死之分，通乎侈俭之适者也。乱国则不然，言与行相悖，情与貌相反；礼饰以烦，乐[优]摎[86]以淫，崇死以害生，久丧以[招]损行。是以风俗浊于世，而诽誉萌于朝，是故圣人废而不用也。

义者循理而行宜也，礼者体情而制文者也。[义者宜也，礼者体也。]昔有扈氏[87]为义而亡，知义而不知宜也。鲁治礼而削，知礼而不知体也。有虞氏之祀，其社用土[88]，祀中溜[89]，葬成亩，其乐，《咸池》《承云》《九韶》[90]，其服尚黄；夏后氏其社用松[91]，祀户，葬墙置翣[92]，其乐，《夏籥》《九成》《六佾》《六列》《六英》[93]，其服尚青。殷人之礼，其社用石，祀门，葬树松，其乐，《大濩》《晨露》[94]，其服尚白。周人之礼，其社用栗，祀灶，葬树柏，其乐，《大武》《三象》《棘下》，其服尚赤。礼乐相诡，服制相反，然而皆不失亲疏之恩，上下之伦。今握一君之法籍，以非传代之俗，譬由胶柱而调瑟也。故明主制礼义而为衣，分节行而为带。衣足以覆形，从《典》《坟》，虚循挠，便身体，适行步，不务于奇丽之容，隅[眦]眦[95]之削；带足以结纽收衽，束牢连固，不亟于为文句疏[短]矩之鞻[96]。故制礼义，行至德，而不拘于儒墨。所谓明者，非谓其见彼也，自见而已；所谓聪者，非谓闻彼也，自闻而已；

所谓达者，非谓知彼也，自知而已。是故身者道之所托，身得则道得矣。

道之得也，以视则明，以听则聪，以言则公，以行则从。故圣人裁制物也，犹工匠之斲削凿枘也，宰庖之切割分别也，曲得其宜，而不折伤。拙工则不然，大则塞而不入，小则窕[97]而不周，动于心，枝于手，而愈丑。夫圣人之斲削物也：剖之判之，离之散之。已淫已失，复揆以一；既出其根，复归其门；已雕已琢，还反于朴。合而为道德，离而为仪表。其转入玄冥，其散应无形。礼义节行，又何以穷至治之本哉？世之明事者，多离道德之本，曰“礼义足以治天下”，此未可与言术也。

所谓礼义者，五帝三王之法籍、风俗，一世之迹也。譬若刍狗土龙[98]之始成，文以青黄，[绢]䋄[99]以绮绣，缠以朱丝。尸祝袀袨[100]，大夫端冕，以送迎之。及其已用之后，则壤土草[蘮]蓟[101]而已，夫有孰贵之？故当舜之时，有苗不服，于是舜修政偃兵，执干戚而舞之；禹之时，天下大雨，禹令民聚土积薪，择丘陵而处之；武王伐纣，载尸而行[102]，海内未安，故[不]为三年之丧；[始]禹遭洪水之患，陂塘之事，故朝死而暮葬：此皆圣人之所以应时耦变，见形而施宜者也[103]。今之修干戚而笑镬插[104]，知三年非一日，是从牛非马，以征笑羽也。以此应化，无以异于弹一弦而会《棘下》[105]。夫以一世之变，欲以耦化应时，譬犹冬被葛而夏被裘。夫一仪[106]不可以百发，一衣不可以出岁，仪必应乎高下，衣必适乎寒暑。是故世异则事变，时移则俗易。故圣人论世而立法，随时而举事。尚古之王，封于泰山，禅于梁父，七十余圣，法度不同，非务相反也，时世异也。是故不法其已成之法，而法其所以为法。所以为法者，与化推移者也。夫能与化推移[为人]者，至贵在焉尔。故[狐]瓠梁[107]之歌可随也，其所以歌者，不可为也；圣人之法可观也，其所以作法，不可原也；辩士言可听也，其所以言，不可形也；淳均[108]之剑不可爱也，而欧冶[109]之巧可贵也。今夫王乔、赤诵子[110]吹呕呼吸，吐故内新，遗形去智，抱素反真，以游玄眇，上通云天。今欲学其道，不得其养气处神，而放其一吐一吸，时诎时伸，其不能乘云升假，亦明矣。五帝三王，轻天下，细万物，齐死生，同变化，抱大圣之心，以镜万物之情，上与神明为友，下与造化为人。今欲学其道，不得其清明玄圣，而守其法籍宪令，不能为治亦明矣。故曰：得十利剑，不若得欧冶之巧；得百走马，不若得伯乐之数。朴至大者无形状，道至眇者无度量。故天之圆也不[得]中规，地之方也不[得]中矩，往古来今谓之宙，四方上下谓之宇，道在其间，而莫知其所。故其见不远者，不可与语大，其智不闳者，不可与论至。

昔者冯夷[111]得道，以潜大川；[钳且]钦负得道，以处昆仑[112]；扁鹊[113]以治病；造父以御马；羿以之射；倕[114]以之斲。所为者各异，而所道者一也。夫禀道以通物者，无以相非也，譬若同陂而溉田，其受水均也。今屠牛而烹其肉，或以[为]酸，或以[为]甘，煎熬燎炙，齐[味]咊[115]万方，其本一牛之体。伐楩楠豫樟而剖梨之[116]，或为棺椁，或为柱梁，披断拨[檖]遂[117]，所用万方，然一木之朴也。故百家之言，指奏相反，其合道一[体]也。譬若丝竹金石之会乐同也，其曲家异而不失于体。伯乐、韩风、秦牙、管青[118]所相各异，其知马一也。故三皇五帝，法籍殊方，其得民心均也。故汤入夏而用其法，武王入殷而行其礼，桀纣之所以亡，而汤武之所以为治。故剞劂销[119]锯陈，非良工不能以制木；炉橐埵坊设[120]，非巧冶不能以治金。屠牛吐[121]一朝解九牛，而刀可以剃毛；庖丁用刀十九年而[刀]刃如新剖硎[122]。何则？游乎众虚之间[123]。若夫规矩钩绳者，此巧之具也，而非所以巧也。故瑟无弦，虽师文[124]不能以成曲，徒弦则不能悲。故弦，悲之具也，而非所以为悲也。若夫工匠之为连鐖、运开、阴闭、眩错[125]，入于冥冥之眇，神调之极，游乎心手[众虚]之间，而莫与物为际者，父不能以教子。瞽师之放意相物，写神愈舞，而形乎弦者，兄不能以喻弟。今夫为平者准也，为直者绳也。若夫不在于绳准之中，可以平直者，此不共之术也。故叩宫而宫应，弹角而角动，此同音之相应也，其于五音无所比，而二十五弦皆应，此不传之道也。故萧条[126]者形之君，而寂寞者音之主也[127]。

天下是非无所定，世各是其所是，而非其所非。所谓是与非各异，皆自是而非人。由此观之，事有合于己者，而未始有是也；有忤于心者，而未始有非也。故求是者，非求道理也，求合于己者也；去非者，非批邪施也[128]，去忤于心者也。忤于我，未必不合于人也；合于我，未必不非于俗也。至是之是无非，至非之非无是，此真是非也。若夫是于此而非于彼，非于此而是于彼者，此之谓一是一非也。此一是非，隅曲也；[夫]此一是非，宇宙也。今吾欲择是而居之，择非而去之，不知世之所谓是非者，[不知]孰是孰非？《老子》曰："治大国若烹小鲜。"为宽裕者曰勿数挠，为刻削者曰致其咸酸而已矣。晋平公出言而不当，师旷举琴而撞之，跌衽[宫]中壁[129]，左右欲涂之[130]，平公曰："舍之。以此为寡人失。"孔子闻之曰："平公非不痛其体也，欲来谏者也。"韩子[131]闻之曰："群臣失礼而弗诛，是纵过也。有以也夫，平公之不霸也！"故[宾]客有见人于宓子[132]者，宾出，宓子曰："子之宾，独有三过：望我而笑，是攓[133]也；谈语而不称师，是返[134]也；交浅而言深，是乱也。"宾曰："望君而笑，是公也；谈语而不称师，是通也；交浅而言深，是忠也。"故宾之容一体也，或以为君子，或以为小人，所自视之异也。故趣[舍]合即言忠而益亲，身疏即谋当而见疑。亲母为其子治扢[135]秃，而血流至耳，见者以为其爱之至也；使在于继母，则过者以为嫉也。事之情一也，所从观者异也。从城上视牛如羊，视羊如豕，所居高也。窥面于盘水则员，于杯则隋，面形不变其故，有所员、有所隋者，所自窥之异也。今吾虽欲正身而待物，庸遽[136]知世之所自窥我者乎？若转化而与世竞走，譬犹逃雨也，无之而不濡。常欲在于虚，则有不能为虚矣。若夫不为虚而自虚者，此所慕而不能致也。故通于道者，如车轴不运于己，而与毂致千里，转无穷之原也。不通于道者，若迷惑，告以东西南北所居聆聆[137]，一曲而辟然忽不得，复迷惑也。故终身隶于人，辟若[伣]綄[138]之见风也，无须臾之间定矣。故圣人体道反性，不化以待化，则几于免矣[139]。

治世之[体]职，易守也。其事易为也，其礼易行也，其责易偿也，是以人不兼官，官不兼事。士农工商，乡别州异，是故农与农言力，士与士言行，工与工言巧，商与商言数。是以士无遗行，农无废功，工无苦事，商无折货，各安其性，不得相干。故伊尹之兴土功也，修胫者使之跖[鑁]锛[140]，强脊者使之负土，眇者使之准，伛者使之涂[141]，各有所宜，而人性齐矣。胡人便于马，越人便于舟。异形殊类，易事而悖，失处而贱，得势而贵，圣人总而用之，其数一也。夫先知远见，达视千里，人才之隆也，而治世不以责于民；博闻强志，口辩辞给，人智之美也，而明主不以求于下；敖世轻物，不污于俗，士之伉行也，而治世不以为民化；神机阴闭，剞劂无迹，人巧之妙也，而治世不以为民业。故苌弘、师旷，先知祸福，言无遗策，而不可与众同职也；公孙龙[142]折辩抗辞，别同异，离坚白，而不可与众同道也；北人无择非舜[143]，而自投清泠之渊，不可以为世仪；鲁般、墨子以木为鸢而飞之，三日不集，而不可使为工也。故高不可及者，不可以为人量；行不可逮者，不可以为国俗。夫挈轻重不失铢两，圣人弗用而县之乎铨衡；视高下不差尺寸，明主弗任而求之乎浣准[144]。何则？人才不可专用，而度量可世传也。故国治可与愚守也，而军制可与权用也。夫待骤裹飞兔[145]而驾之，则世莫乘车；待西施、毛嫱而为配，则终身不家矣。然非待古之英俊而人自足者，因所有而[并]遂用之。夫骐骥千里，一日而通；驽马十舍，旬亦至之。由是观之，人材不足专恃，而道术可公行也。乱世之法，高为量而罪不及，重为任而罚不胜，危为[禁]难而诛不敢[146]。民困于三责，则饰智而诈上，犯邪而干[147]免。故虽峭法严刑，不能禁其奸。何者？力不足也。故谚曰："鸟穷则啄，兽穷则触，人穷则诈。"此之谓也。

道德之论，譬犹日月也。江南河北，不能易其指；驰骛千里，不能易其处。趋舍礼俗，犹室宅之居也，东家谓之西家，西家谓之东家，虽皋陶为之理，不能定其处。故趋舍同，诽誉在俗；意行钧，穷达在时。汤武之累行积善，可及也，其遭桀纣之世，天授也。今有汤武之意，而无桀纣之时，而欲成霸王之业，亦不几矣。昔武王执戈秉钺以[伐纣]胜殷，搢笏杖殳[148]以临朝。武王既没，殷民叛之。周公践东宫，履乘石[149]，摄天子之位，负扆[150]而朝诸侯，放蔡叔，诛管叔，克殷残商，祀文王于明堂，七年而致政成王。夫武王先武而后文，非意变也，以应时也。周公放兄诛弟，非不仁也，以匡乱也。故事周于世则功成，务合于时则名立。昔齐桓公合诸侯以乘车，退诛于国以斧钺；晋文公合诸侯以革车，退行于国以礼义。桓公前柔而后刚，文公前刚而后柔。然而令行乎天下，权制诸侯，钧者审于势之变也。颜阖[151]、鲁君欲相之而不肯，使人以币先焉，凿培[152]而遁之，为天下显武[153]。使遇商鞅、申不害，刑及三族，又况身乎？世多称古之人而高其行，并世有与同者，而弗知贵也，非才下也，时弗宜也。故六骐骥、四駃騠[154]，以济江河，不若窾[155]木便者，处世然也。是故立功之人，简于行而谨于时。今世俗之人，以功成为贤，以胜患为智，以遭难为愚，以死节为戆，吾以为各致其所极而已。王子比干非不知[箕子]被发佯狂以免其身也，然而乐直行尽忠以死节，故不为也。伯夷、叔齐非不能受禄任官以致其功也，然而乐离世伉行以绝众，故不务也。许由、善卷非不能抚天下宁海内以德民也，然而羞以物滑和，故弗受也。豫让、要离非不知乐家室安妻子以偷生也，然而乐推诚行必以死主，故不留也。今从箕子视比干，则愚矣；从比干视箕子，则卑矣；从管晏视伯夷，则戆矣；从伯夷视管晏，则贪矣。趋舍相非，嗜欲相反，而各乐其务，将谁使正子？曾子曰：“击舟水中，鸟闻之而高翔，鱼闻之而渊藏。”故所趋各异，而皆得所便。故惠子从车百乘，以过孟诸[156]，庄子见之，弃其余鱼。鹈胡[157]饮水数斗而不足，鳝[鲔]蛹[158]入口若露而[死]饱。智伯有三晋而欲不澹[159]，林类、荣启期[160]衣若县衰[161]，而意不慊。由此观之，则趣行各异，何以相非也。夫重生者，不以利害已；立节者，见难不苟免；贪禄者，见利不顾身；

而好名者，非义不苟得，此相为论，譬犹冰炭钩绳也，何时而合？若以圣人为之中，则兼覆而并之，未有可是非者也。夫飞鸟主巢，狐狸主穴，巢者巢成而得栖焉，穴者穴成而得宿焉。趋舍行义，亦人之所栖宿也，各乐其所安，致其所蹠[162]，谓之成人。故以道论者，总而齐之。

治国之道，上无苛令，官无烦治，士无伪行，工无淫巧，其事经而不扰，其器完而不饰。乱世则不然，为行者相揭以高，为礼者相矜以伪。车舆极于雕琢，器用逐于刻镂。求货者争难得以为宝，诋文者处烦挠以为慧，争为佹[163]辩，久稽而不决，无益于治。工为奇器，历岁而后成，不周于用。故神农之法曰："丈夫丁壮而不耕，天下有受其饥者，妇人当年而不织，天下有受其寒者。"故身自耕，妻亲织，以为天下先。其导民也，不贵难得之货，不器无用之物。是故其耕不强者，无以养生；其织不强者，无以掩形。有余不足，各归其身，衣食饶溢，奸邪不生。安乐无事，而天下均平。故孔丘、曾参无所施其善，孟贲、成荆[164]无所行其威。衰世之俗，以其知巧诈伪，饰众无用。贵远方之货，珍难得之财，不积于养生之具；浇天下之淳，析天下之朴，牿服马牛以为牢。滑乱万民，以清为浊，性命飞扬，皆乱以营。贞信漫澜，人失其情性。于是乃有翡翠犀象，黼黻文章，以乱其目；刍豢黍粱、荆吴芬馨，以嚂[165]其口；钟鼓管箫，丝竹金石，以淫其耳；趋舍行义，礼节谤议，以营其心。于是百姓糜沸豪乱，暮行逐利，烦挐浇浅。法与义相非，行与利相反，虽十管仲弗能治也。且富人则车舆衣纂[166]锦，马饰傅旄象，帷幕茵席，绮绣绦组，青黄相错，不可为象。贫人则夏被褐带索，含菽饮水，以充肠，以支暑热，冬则羊裘解札[167]，短褐不掩形而炀灶口[168]。故其为编户、齐民无以异。然贫富之相去也，犹人君与仆虏，不足以[论]喻之。夫乘奇技伪邪施者，自足乎一世之间；守正修理不苟得者，不免乎饥寒之患。而欲民之去末反本，是由发其原而壅其流也。夫雕琢刻镂，伤农事者也；锦绣纂组，害女工者也。农事废，女工伤，即饥之本而寒之原也。夫饥寒并至，能不犯法干诛者，古今未之闻也。故[仕]仁鄙在时不在行，利害在命不在智。夫败军之卒，勇武遁逃，将不能止也；胜军之陈，怯者死行，惧不能走也。故江河决[沉]流，一乡父子兄弟相遗而走，争升陵阪，上高丘，轻足者先[升]，不能相顾也。世乐志平，见邻国之人溺，尚犹哀之，又况亲戚乎？故身安则恩及邻国，志为之灭；身危则忘其亲戚，而人不能解也。游者不能拯溺，手足有所急也；灼者不能救火，身体有所痛也。夫民有余即让，不足则争，让则礼义生，争则暴乱起。扣门求水，莫弗与者，所饶足也。林中不卖薪，湖上不鬻鱼，所有余也。故物丰则欲省，求澹则争止。秦王之时，或人[169]菹子，利不足也；刘氏持政，独夫收孤，财有余也。故世治则小人守政，而利不能诱也；世乱则君子为奸，而法弗能禁也。

[1]忮（zhì）：害也。　[2]构而多责：谓以权相交，权尽而交疏也。　[3]宍：即“肉”字异文。自肉，即“自食”之意。[4]匿（tè）：通“慝”，奸也。　[5]缓：“缦”之假字也。《说文》系部缦缯无文，《国语·晋语》曰：弃缦不举。韦注，缦车无文也。是凡无文者皆谓之缦。缦与缓，古音相同，得以通用。[6]铢：楚人谓刀钝为铢。　[7]曾参：事亲孝，孔子弟子。孝己：《荀子》杨倞注谓为殷高宗之太子。　[8]盗跖：或谓是柳下惠弟，或谓黄帝时大盗名跖，以柳下惠弟为天下大盗，故世仿古，号之盗跖。庄跻：疑亦古大盗，非战国时为楚威王将军之庄跻。　[9]大路龙旂：大路，天子车也，交龙为旂。　[10]緌（ruí）：缨饰也。　[11]楗（jiàn）：限门竖木也。扣：有两个义项，一、音 hú，发掘之义；二、音 gǔ，搅乱之义。在此用第一义项。备，与“培”同，屋后墙也。　[12]弱緆（xī）：细布也。　[13]菅：茅也；屩(jiē)：履也；跐踦（cǐ yǐ）：不齐之貌。　[14]短褐：短，通“裋”，楚人谓袍曰裋；褐，大布也。[15]鹑：鹌鹑也。　[16]蟌（cōng）：蜻蜓也。　[17]黂（fén）：麻子也。　[18]毳（cuì）：鸟兽的细毛。　[19]旃（zhān）：同“毡”。　[20]田氏代齐，在公元前 410 年。　[21]鲁于公元前 249 年为楚所灭。　[22]糟丘：纣为长夜之饮，积糟成丘。史言箕子见纣作象箸而忧，以为作象箸必且求玉杯，为杯则必思远方珍怪之物，舆马宫室之奉自此始。此言糟丘生乎象箸，意亦犹是。箸（zhù）：筷子。　[23]热斗：熨斗也；纣见熨斗烂人手，遂作炮烙之刑。炮烙之刑者，或谓乃作“铜格”，布火其下，令人走其上以为娱乐；或谓用铜柱，以膏涂之，加于爇炭之

上，使有罪者缘焉，足滑跌堕火中，纣与妲己笑为乐。　[24]撜（zhěng）：“拯”的异体字。举也。　[25]受牛谢：言谢以牛也。　[26]鲁国之法，赎人于他国者，受金于府。　[27]闼（tà）：小门。　[28]《咸池》《承云》皆黄帝乐，《九韶》乃舜乐，《六英》乃帝颛顼乐。　[29]狖（yòu）：猴属。长尾而卬鼻。　[30]谌（jì）：古同“总”，诫也。　[31]修，长也；淮南王安父名长，故书中长字改作修。　[32]摘：《太平御览》引作“刺”，剔、挑。　[33]筳：小簪也，读若庭，又读若挺，庭、挺，皆直也；小簪形直，故谓之筳。此言大材不可小用，小材不可大用，故柱可以持屋，而不可以剔齿，小簪可以剔齿，而不可以持屋也。　[34]承，读为烝。承食：谓蒸食也。箅（bì）：编竹为之，所以蔽甑底而蒸物者也。此言明镜虽贵，竹箅虽贱，然以蒸食，则镜不如箅。又《说山训》云：“然明镜虽贵，若用以蔽甑底，则气不上升而食不熟，竹箅虽贱，而可以蒸食。”意义尤显，可与此参看。　[35]骍毛：骍，牲赤色也，周时祀神以赤毛之牛。　[36]黑蜧（lì）：神蛇也，潜于神泉，能致云雨。或谓黑蜧，黑色蛇属也，潜于水，神象能致雨也。[37]角觟（jiǎo）：刀剑室间之覆角也。　[38]言裘与蓑迭为主也。　[39]舟行于水，车行于陆地，肆行于沙地，辅行于泥地，穷庐宜于草地也。肆为推版具。《文子·自然篇》：“水用舟，沙用肆，泥用辅（chūn），山用樏。”穷庐：毡帐也，其上穹隆，故名。　[40]大田：田官之长也。工师：工官之长也。　[41]泽皋：多湖沼地也。　[42]狟（huán）：亦作“貆”，獾猪也。狢（hé）：亦作“貉”，似狸。埵：水埒也；防：堤也。　[43]徼

（jiào）：伺察也。　　[44]陆：陆地也；言惟物不与人争地，而后物可治；地大者物博，古圣人林麓川泽，养之有时，而取之有节，用斯道也。禹平水土，稷播百谷，所谓治陆者不以陆，以人也（李哲明《淮南义训疏补》）。　　[45]濊：同“秽”。　　[46]堁（kè）：粉尘也。　　[47]东戎曰羌，南夷曰氐（dí），西夷曰僰（bó），北胡曰翟（dí）。　　[48]言重译也。　　[49]言若出于本性也。　　[50]斗极：指北斗，航海者望北斗以定方向。寤：同“悟”。　　[51]孔子谦，自谓无知，而服回，此忘行也。[52]埴（zhí）：印泥也。　　[53]虚者，心无所载于哀乐也。[54]测：尽也。　　[55]寻：读为“覃”，古“燂”字。《说文》火部，燂，火热也。字亦作“焊”。　　[56]厘负羁：即僖负羁，春秋时曹大夫。晋公子重耳出奔过曹，曹君要观其骈胁，僖负羁谏，不听，其妻劝以自贰，乃馈盘飧而加璧焉。后公子重耳返晋为文公，加兵于曹，执曹伯，旌僖负羁之里，令兵无得入。[57]晋献公从荀息之计，以垂棘之璧，假道于虞以伐虢，及虢亡而虞亦被灭。　　[58]赵宣孟：晋卿赵盾。宣孟田于首山，舍于翳桑，见灵辄饿，食之。灵辄舍其半，问之曰：“请以遗母。”因与之箪食与肉。后晋灵公伏甲攻宣孟，灵辄为公甲士，倒戟以御公徒而免之；问其故，对曰，“翳桑之饿人也。”　　[59]智伯：名瑶，晋卿，以大钟灭仇由。　　[60]公西华：孔子弟子，与朋友处，睦而少敬。　　[61]胡人之盟约，置酒于人头骨中，饮以相诅。　　[62]越人刻臂出血，以为盟誓也。　　[63]杀牲歃血，相与为信，乃中国俗也。　　[64]三苗在彭蠡洞庭之野。髽（zhuā）：以枲（xǐ）束发也。　　[65]括：结也。　　[66]笄：簪也。

[67]劗（jiǎn）：剪也。鬋（jiǎn）：鬓也。　　[68]拂：放也。[69]踦（qī）：足也。　　[70]猃狁：北胡也。猃，或作“猃”。[71]皮弁：以为爵冠也。搢：佩衿；笏：佩玉也。　　[72]拘：借为“钩”。罢：乃“环”字脱烂而误；环，旋也。拒者，“矩”之假借。拘环拒折：所谓周旋中规，折旋中矩耳（李氏《淮南义训疏补》）。　　[73]裾：衣之前襟也；衣：裾也（高诱注）。[74]大布：粗布也。　　[75]牂（zāng）羊：牝羊也。　　[76]邹：孟轲邑；鲁：孔子邑。即以封邑代称人之名。　　[77]徒倮：不衣也。　　[78]恲（pēng）：色也。　　[79]三月之服：乃夏后氏之礼。　　[80]五缞之服：谓三年，期年，九月，五月，三月服也。[81]《采齐》《肆夏》：皆乐名。　　[82]含珠：谓死者口内含珠而殓也。鳞施：高诱谓是玉纽，即玉柙。《续汉书·礼仪志》金缕玉柙注曰：腰自下以玉为札，长一尺二寸半为柙，下至足亦缝以黄金缕。　　[83]纶：絮也；束：缚也。　　[84]舜南巡狩，死苍梧，葬泠道九嶷山，不于市井有所废。　　[85]禹会群臣于会稽，葬山阴之阳，不烦农人之山。　　[86]擾：俗书作“扰”，烦也。　　[87]有扈：夏启之庶兄也，以尧舜举贤，禹独与子，故伐启，启亡之（高诱注）。　　[88]言封土为“社”也。[89]溜：屋水流也。　　[90]《咸池》《承云》皆黄帝乐，舜兼用黄帝乐也。《九韶》乃舜所作乐。　　[91]所树之木，皆取生地之所宜也（高诱注）。　　[92]翣（shà）：棺饰也，其形如扇，置于棺之两旁者。　　[93]《九成》：变也；《六列》：六六为行列也；《六英》，禹兼用颛顼之乐也（高诱注）。　　[94]《大濩》《晨露》皆汤所作乐。濩，同“获”。　　[95]《本经篇》：

“衣无隅差之削”注，隅，角也，差：邪也。“差”与“些”声相近，故此处“眦”字疑为“些”之讹。隅些之削犹言衣角斜削也。　[96]文句者，圆天也；疏矩者，方文也。“鞻”字疑误。此上文并说带，不应忽及鞻，此必有讹脱也（孙诒让说）。[97]窕（tiǎo）：细也。　[98]刍狗：束刍为狗，以谢过求福。土龙：抟土为龙，以求雨。　[99]羂：谓罗系之也。羂以绮绣，谓以绮绣系之。　[100]袀（jūn）：纯服；袨（xuàn）：黑衣也。[101]草蓟：草芥。《史记·贾生传》：“细故薷蓟兮。”索隐曰：“蓟音芥。”《汉书》即作“蒂芥”，是芥蓟古字通。故此作“蓟”。《御览》作“草芥”也。　[102]武王伐纣，伯夷、叔齐叩马首而谏曰：“父死未葬，爰及干戈，可谓孝乎？”此谓载尸而行，即指此。　[103]《御览》五五五引此作“此皆圣人之所以应时设教，见而施宜者也”。　[104]鑁（jué）：大锄也。插：即臿，锹也。　[105]《棘下》：武王所作乐。　[106]仪：弩招头也。射百发远近不可皆以一仪也。　[107]瓠梁：古之善歌者。[108]淳均：剑名，欧冶所铸。《览冥训》：“区冶生而淳钩之剑成。”此谓淳均，恐字之讹。　[109]欧冶：古之善铸剑者。[110]王乔：蜀武阳人也，为柏人令，得道而仙。赤诵子：即赤松子，古之仙人。　[111]冯夷：河伯也。　[112]钦负：神名，人面兽形，见《山海经》。　[113]扁鹊：卢人，姓秦，名越人，赵简子时人，为古名医。　[114]倕：尧时巧工也。　[115]咊：即“和”。　[116]剖棃：判分也。棃者，“剺”（俗又作“剺”）之假借字。剺：剥也。　[117]披，解也。拨：析理也。遂：顺也。　[118]四人皆古善相马者。　[119]销，或作

“削”。 [120]炉橐（tuó）埵（duǒ），皆冶具；坊：土型也。[121]屠牛吐：齐之大屠也。 [122]硎（xíng）：磨刀石也。《庄子·养生篇》《吕览·精通篇》并有庖丁解牛之说。[123]谓砍削皆顺牛之关节凑理，不遇骨也。 [124]师文：乐师。 [125]连鐖：连弩也。运开：相通也。阴闭：独闭也。眩：因而相错也。（高诱注） [126]萧条：深静也。[127]言微音生于寂寞也。 [128]施（yí）：微曲也。[129]跌：犹越也；言越过平公之衽，而中于壁也。 [130]要涂师旷所败壁也。 [131]韩公子非，即作《韩非子》者。[132]宓子：即子贱也。 [133]攓：慢也。同“搴（qiān）”。[134]返，《群书治要》引作反，《意林》引亦作“反”，《御览》四百五十引作“叛”。今以文义推之，当是“反”。 [135]扢（gū）：磨也。 [136]庸遽：怎么，哪里。又作“庸讵”。[137]聆聆：意晓解也。 [138]綄：候风之羽也，楚人谓之五两。 [139]言无为以待有为，近于免世难也。 [140]跖：蹋也。铧：即臿也。使长胫者踏臿，则入地深而得土多。 [141]伛者涂地，因其俯也。 [142]公孙龙：赵人，善辩。 [143]无择：古隐士也。非舜：非其德之衰也。 [144]浣：音近筦，当为“筦”之讹。《泰族篇》：“人欲知高下而不能，教之用管准则说。”可为证。筦所以视远，准所以测平。 [145]骙袅（niǎo），飞兔：皆良马名。 [146]危：犹高也。高为艰难之事而责之以必能及；畏难而不敢为，则从而诛之（王念孙说）。[147]干：求也。 [148]搢（jìn）：插的意思。殳（shū）：《诗》言“伯也执殳，为王前驱”，乃无刃之兵器，长约一丈二尺。　[149]高诱注：人君升车，有乘石也。　[150]扆（yǐ）：户牖间画斧屏风也。　[151]颜阖：鲁隐士。　[152]培：屋后墙也。　[153]武：楚人谓“士”为武（高诱注）。　[154]駃騠（jué tí）：乃北翟之良马。　[155]窾：空也。　[156]惠子名施，仕为梁相，从车百乘，志尚未足。孟诸：宋泽。　[157]鹈胡：汙泽鸟，鹈，“雉”古文。　[158]蟮：通“蝉”；蜩：同“蜩”。蜩亦蝉也。　[159]澹：在此处，音shàn，意为供给、满足也。　[160]二人皆隐士。　[161]衰：为“蓑”之假借。《御览》六八九引作“蓑”。　[162]蹠（zhī）：至也。　[163]佹：在此通“诡”。　[164]成荆：亦古勇士。《史记·范睢蔡泽列传》《吕览·论惑》皆言成荆古勇士。荆亦作“庆”。

[165]嚂（làn）：贪食也。　[166]纂（zuǎn）：绘也。

[167]言羊裘败解而不堪用也。　[168]言向灶火以取暖也。

[169]或人：即国人也。《说文》戈部：或，邦也；口部，国，邦也。“或”“国”古通用。

# 道应篇

太清问于无穷曰："子知道乎？"无穷曰："吾弗知也。"又问于无为曰："子知道乎？"无为曰："吾知道。""子之知道亦有数乎？"无为曰："吾知道有数。"曰："其数奈何？"无为曰："吾知道之可以弱，可以强，可以柔，可以刚，可以阴，可以阳，可以窈，可以明，可以包裹天地，可以应待无方。此吾所以知道之数也。"

太清又问于无始曰："乡者吾问道于无穷，曰：'吾弗知之。'又问于无为，无为曰：'吾知道。'曰：'子之知道，亦有数乎？'无为曰：'吾知道有数。'曰：'其数奈何？'无为曰：'吾知道之可以弱，可以强，可以柔，可以刚，可以阴，可以阳，可以窈，可以明，可以包裹天地，可以应待无方。吾所以知道之数也。'若是，则无为知与无穷之弗知，孰是孰非？"无始曰："弗知之深而知之浅，弗知内而知之外，弗知精而知之粗。"太清仰而叹曰："然则不知乃知邪？知乃不知邪？孰知知之为弗知，弗知之为知邪？"无始曰："道不可闻，闻而非也；道不可见，见而非也；道不可言，言而非也，孰知形形之不形者乎[1]？"故《老子》曰："天下皆知善之为善，斯不善也。"故知者不言，言者不知也。

白公问于孔子曰：“人可以微言[2]？”孔子不应。白公曰：“若以石投水中，何如？”曰：“吴越之善没者能取之矣。”曰：“若以水投水何如？”孔子曰：“菑渑[3]之水合，易牙尝而知之。”白公曰：“然则人固不可与微言乎？”孔子曰：“何谓不可？[谁]唯知言之谓者乎[4]？夫知言之谓者，不以言言也[5]。”争鱼者濡，逐兽者趋，非乐之也。故至言去言，至为无为。夫浅知之所争者，末矣。白公不得也，故死于浴室。故《老子》曰：“言有宗，事有君[6]。夫唯无知，是以不吾知也。”白公之谓也。

惠子为惠王为国法[7]，已成而示诸先生[8]，先生皆善之。奏之惠王，惠王甚说之，以示翟煎，翟煎曰：“善。”惠王曰：“善可行乎？”翟煎曰：“不可。”惠王曰：“善而不可行，何也？”翟煎对曰：“今夫举大木者，前呼邪许，后亦应之。此举重劝力之歌也，岂无郑卫激楚之音哉？然而不用者，不若此其宜也。治国[有]在礼，不在文辩[9]。”故《老子》曰：“法令滋彰，盗贼多有[10]。”此之谓也。

田骈以道术说齐王。王应之曰：“寡人所有，齐国也。道术难以除患，愿闻国之政。”田骈对曰：“臣之言无政，而可以为政。譬之若林木无材，而可以为材。愿王察其所谓，而自取齐国之政焉。已虽无除其患害，天地之间，六合之内，可陶冶而变化也。齐国之政，何足问哉[11]！”此老聃之所谓“无状之状，无物之象[12]”者也。若王之所问者，齐也；田骈所称者，材也。材不及林，林不及雨，雨不及阴阳，阴阳不及和，和不及道。

白公胜得荆国，不能以府库分人。七日，石乙入曰："不义得之，又不能布施，患必至矣。不能予人，不若焚之，毋令人害我！"白公弗听也。九日，叶公入，乃发大府之货，以予众，出高库之兵，以赋民，因而攻之，十有九日而禽白公[13]。夫国非其有也，而欲有之，可谓至贪也；不能为人，又无以自为，可谓至愚矣。譬白公之啬也，何以异于枭之爱其子也。故《老子》曰："持而盈之，不如其已；揣而锐之，不可长保也[14]。"

赵简子以襄子为后，董阏于曰："无恤贱[15]，今以为后，何也？"简子曰："是为人也，能为社稷忍羞。"异日，知伯与襄子饮，而批襄子之首。大夫请杀之。襄子曰："先君之立我也，曰能为社稷忍羞，岂曰能刺人哉。"处十月，知伯围襄子于晋阳，襄子疏队而击之，大败知伯，破其首以为饮器[16]。故《老子》曰："知其雄，守其雌，其为天下谿[17]。"

啮缺问道于被衣[18]，被衣曰："正女形，壹女视，天和将至；摄女知，正女度，神将来舍。德将来[附]若美，而道将为女居。蠢乎[19]若新生之犊，而无求其故。"言未卒，啮缺继以仇夷[20]。被衣行歌而去曰："形若槁骸，心如死灰；[直]真其实[不]知，不以故自持；墨墨恢恢，无心可与谋；彼何人哉[21]！"故《老子》曰："明白四达，能无以知乎[22]？"

赵襄子使攻翟而胜之，取[尤]左人、终人[23]。使者来谒之，襄子方将食而有忧色。左右曰：“一朝而两城下，此人之所喜也，今君有忧色，何也？”襄子曰：“江河之大也，不过三日；飘风暴雨不终朝，日中不须臾。今赵氏之德行无所积，今一朝而两城下，亡其及我乎！”孔子闻之曰：“赵氏其昌乎！”夫忧所以为昌也，而喜所以为亡也。胜非其难也，持之者其难也。贤主以此持胜，故其福及后世。齐、楚、吴、越皆尝胜矣，然而卒取亡焉，不通乎持胜也。唯有道之主能持胜，孔子劲[杓]扚国门之关[24]，而不肯以力闻；墨子为守攻，公输般服，而不肯以兵知。善持胜者，以强为弱。故《老子》曰：“道冲而用之，又弗盈也[25]。”

惠孟见宋康王，康王蹀足謦欬疾言曰：“寡人所说者，勇有[功]力也，不说为仁义者也，客将何以教寡人？”惠孟对曰：“臣有道于此：使人虽勇，刺之不入，虽[巧]有力，击之不中，大王独无意邪？”宋王曰：“善。此寡人之所欲闻也。”惠孟曰：“夫刺之而不入，击之而不中，此犹辱也。臣有道于此，使人虽有勇弗敢刺，虽有力不敢击。夫不敢刺，不敢击，非无其意也。臣有道于此，使人本无其意也。夫无其意，未有爱利之心也。臣有道于此，使天下丈夫女子莫不欢然皆欲爱利之。[心]此其贤于勇有力也，四累[26]之上也。大王独无意邪！”宋王曰：“此寡人所欲得也。”惠孟对曰：“孔、墨是已。孔丘、墨翟无地而为君，无官而为长，天下丈夫、女子莫不延颈举踵而愿安利之者。今大王万乘之主也，诚有其志，则四境之内，皆得其利矣，此贤于孔墨也远矣。”宋王无以应。惠孟出，宋王谓左右曰：“辩矣，客之以说胜寡人也[27]。”故《老子》曰：“勇于不敢则活[28]。”由此观之，大勇反为不勇耳。

昔尧之佐九人，舜之佐七人，武王之佐五人，尧、舜、武王于九、七、五者，不能一事焉，然而垂拱受成功者，善乘人之资也。故人与骥逐走，则不胜骥；托于车上，则骥不能胜人。北方有兽，其名曰蹶，鼠前而兔后，趋则顿，走则颠，常为蛩蛩駏驉[29]取甘草以与之。蹶有患害，蛩蛩駏驉必负而走。此以其能，托其所不能。故《老子》曰：“夫代大匠斫者，希不伤其手[30]。”

薄疑说卫嗣君以王术，嗣君应之曰：“予所有者，千乘也，愿以受教。”薄疑对曰：“乌获举千钧，又况一斤乎！”杜赫以安天下说周昭文君，文君谓杜赫曰：“愿学所以安周。”赫对曰：“臣之所言不可，则不能安周；臣之所言可，则周自安矣。”此所谓弗安而安者也。故《老子》曰：“大制无割，故致数舆无舆也[31]。”

鲁国之法，鲁人为人妾于诸侯，有能赎之者，取金于府。子赣赎鲁人于诸侯。来而辞不受金。孔子曰：“赐失之矣。夫圣人之举事也，可以移风易俗，而[受]教顺[32]可施后世，非独以适身之行也。今国之富者寡而贫者众，赎而受金，则为不廉；不受金，则不复赎人。自今以来，鲁人不复赎人于诸侯矣。”孔子亦可谓知[礼]化矣。故《老子》曰：

“见小曰明[33]。”魏武侯问于李克曰：“吴之所以亡者，何也？”李克对曰：“数战而数胜。”武侯曰：“数战数胜，国之福，其独以亡，何故也？”对曰：“数战则民罢，数胜则主憍。以憍主使罢民，而国不亡者，天下鲜矣。”憍则恣，恣则极物；罢则怨，怨则极虑。上下俱极，吴之亡犹晚矣。夫差之所以自刭于干遂也。”故《老子》曰：“功成名遂身退，天之道也[34]。”

宁越欲干齐桓公，困穷无以自达，于是为商旅将任车，以商于齐，暮宿于郭门之外。桓公郊迎客，夜开门辟任车，爝[35]火甚盛，从者甚众。宁越饭牛车下，望见桓公而悲，击牛角而疾商歌[36]。桓公闻之，抚其仆之手曰：“异哉！歌之者非常人也！”命后车载之。桓公[及]反至，从者以请。桓公赣之衣冠而见，说以为天下。桓公大说，将任之。君臣争之曰：“客，卫人也。卫之去齐不远，君不若使人问之。问之而故贤者也，用之未晚。”桓公曰：“不然。问之，患其有小恶也。以人之小恶，而忘人之大美，此人主之所以失天下之士也。”凡听必有验，一听而弗复问，合其所以也[37]。且人固难[合]全也，权而用其长者而已矣。当是举也，桓公得之矣。故《老子》曰：“天大、地大、道大、王亦大，域中有四大而王处其一焉[38]。”以言其能包裹之也。

大王亶父居邠，翟人攻之。事之以皮帛珠玉而弗受，曰：“翟人之所求者地，无以财物为也。”大王亶父曰：“与人之兄居而杀其弟，与人之父处而杀其子，吾弗为。皆勉处矣！为吾臣与翟人奚以异？且吾闻之也，不以其所养害其养。”杖策而去。民相连而从之，遂成国于岐山之下。大王亶父可谓能保生矣。虽富贵不以养伤身，虽贫贱不以利累形。今受其先人之爵禄，则必重失之，生之所自来者久矣而轻失之岂不惑哉！故《老子》曰：“贵以身为天下，焉可以托天下；爱以身为天下，焉可以寄天下矣[39]！”

中山公子牟谓詹子曰：“身处江海之上，心在魏阙之下，为之奈何？”詹子曰：“重生。重生则轻利。”中山公子牟曰：“虽知之，犹不能自胜。”詹子曰：“不能自胜则从之。”“从之神无怨乎？”“不能自胜而强弗从者，此之谓重伤；重伤之人，无寿类矣[40]。”故《老子》曰：“知和曰常，知常曰明，益生曰祥，心使气曰强。是故用其光复归其明也[41]。”

楚庄王问詹何曰：“治国奈何？”对曰：“何明于治身，而不明于治国。”楚王曰：“寡人得立宗庙社稷，愿学所以守之。”詹何对曰：“臣未尝闻身治而国乱者也，未尝闻身乱而国治者也，故本[任]在于身，不敢对以末。”楚王曰：“善。”[42]故《老子》曰：“修之身，其德乃真也[43]。”

桓公读书于堂，轮扁斲轮于堂下，释其椎凿而问桓公曰：“君之所读者何书也？”桓公曰：“圣人之书。”轮扁曰：“其人焉在？”桓公曰：“已死矣。”轮扁曰：“是直圣人之糟粕耳！”桓公悖然作色而怒曰：“寡人读书，工人焉得而讥之哉！有说则可，无说则死。”轮扁曰：“然，有说。臣试以臣之斲轮语之。大疾则苦而不入，大徐则甘而不固[44]。不甘不苦，应于手，厌于心，而可以至妙者，臣不能以教臣之子，而臣之子亦不能得之于臣。是以行年七十，老而为轮。今圣人之所言者，亦以怀其实，穷而死，独其糟粕在耳。”故《老子》曰：“道可道，非常道；名可名，非常名[45]。”

昔者司城子罕相宋，谓宋君曰：“夫国家之安危，百姓之治乱，在君行赏罚。夫爵赏赐予，民之所好也，君自行之；杀戮刑罚，民之所怨也，臣请当之。”宋君曰：“善。寡人当其美，子受其怨，寡人自知不为诸侯笑矣。”国人皆知杀戮之专制在子罕也，大臣亲之，百姓畏之。居不至期年，子罕遂却宋君，而专其政[46]。故《老子》曰：“鱼不可脱于渊，国之利器不可以示人[47]。”

王寿负书而行，见徐冯于周涂[48]，徐冯曰：“事者应变而动，变生于时，故知时者无常行；书者言之所出也，言出于知者，故知者不藏书。”于是王寿乃焚书而舞之[49]。故《老子》曰：“多言数穷，不如守中[50]。”

令尹子佩请饮庄王，庄王许诺。子佩于强台，庄王不往。明日，子佩疏[51]揖北面，立于殿下，曰：“昔者君王许之，今不果往，意者臣有罪乎？”庄王曰：“吾闻子具于强台。强台者，南望料山以临方皇[52]，左江而右淮，其乐忘死。若吾薄德之人，不可以当此乐也，恐留而不能反。”故《老子》曰：“不见可欲，使心不乱。[53]”

晋公子重耳出亡，过曹，无礼焉。厘负羁之妻谓厘负羁曰："君无礼于晋公子。吾观其从者，皆贤人也，若以相夫子，反晋国，必伐曹。子何不先加德焉？"厘负羁遗之壶馂[54]，而加璧焉。重耳受其馂而反其璧。及其反国，起师伐曹，剋之。令三军无入厘负羁之里[55]。故《老子》曰："曲则全，枉则正[56]。"

越王勾践与吴战而不胜，国破身亡，困于会稽，忿心张胆，气如涌泉，选练甲卒，赴火若灭。然而请身为臣，妻为妾，亲执戈为吴[兵]王先马[57]，[走]果禽之于干遂[59]。故《老子》曰："柔之胜刚也，弱之胜强也，天下莫不知，而莫之能行[59]。"越王亲之，故霸中国。

赵简子死，未葬，中牟入齐。已葬五日，襄子起兵攻围之。未合而城自坏者十丈。襄子击金而退之。军吏谏曰："君诛中牟之罪而城自坏，是天助我，何故去之？"襄子曰："吾闻之叔向曰：'君子不乘人于利，不迫人于险。'使之治城，城治而后攻之。"中牟闻其义，乃请降[60]。故《老子》曰："夫唯不争，故天下莫能与之争[61]。"

秦穆公谓伯乐曰："子之年长矣，子姓有可使求马者乎？"对曰："良马者，可以形容筋骨相也，相天下之马者，若灭若失，若亡其一[62]，若此马者绝尘弭辙。臣之子，皆下材也，可告以良马，而不可告以天下之马。臣有所[与]以[供]共儋[缠]纆采薪者九方堙[63]，此其于马，非臣之下也，请见之。"穆公见之，使之求马。三月而反，报曰："已得马矣，在于沙丘。”穆公曰：“何马也？”对曰：“牡而黄。”使人往取之，牝而骊。穆公不说，召伯乐而问之曰：“败矣！子之所使求马者，毛物牝牡弗能知，又何马之能知？”伯乐喟然大息曰：“一至此乎？是乃其所以千万臣而无数者也！若堙之所观者，天机也。得其精而忘其粗，在内而忘其外，见其所见而不见其所不见，视其所视而遗其所不视；若彼之所相者，乃有贵乎马者。”马至，而果千里之马。故《老子》曰：“大直若屈，大巧若拙[64]。”

吴起为楚令尹，适魏，问屈宜若曰：“王不知起之不肖，而以为令尹，先生试观起之为[人]之也。”屈子曰：“将奈何？”吴起曰：“将衰楚国之爵，而平其制禄；损其有余，而绥其不足。砥砺甲兵，时争利于天下。”屈子曰：“宜若闻之，昔善治国家者，不变其故，不易其常。今子将衰楚国之爵，而平其制禄，损其有余而绥其不足，是变其故，易其常也。行之者不利。宜若闻之曰：‘怒者逆德也，兵者凶器也，争者人之所本也。’今子阴谋逆德，好用凶器，[始]治人之所[本]去，逆之至也。且子用鲁兵，不宜得志于齐，而得志焉；子用魏兵，不宜得志于秦，而得志焉。宜若闻之，非祸人不能成祸，吾固惑吾王之数逆天道，戾人理，至今无祸。[差]嗟！须夫子也[65]。”吴起惕然曰：“尚可更乎？”屈子曰：“成形之徒不可更也；子不若敦爱而笃行之[66]。”《老子》曰：“挫其锐，解其纷，和其光，同其尘[67]。”

晋伐楚，三舍不止。大夫请击之。庄王曰：“先君之时，晋不伐楚，及孤之身，而晋伐楚，是孤之过也，若何其辱？”群大夫曰：“先臣之时，晋不伐楚，今臣之身，而晋伐楚，此臣之罪也，请[三]击之。”王俯而泣涕沾襟，起而拜群大夫。晋人闻之曰：“君臣争以过为在己，且轻下其臣，不可伐也。”夜还师而归。《老子》曰：“能受国之垢，是谓社稷主[68]。”

宋景公之时，荧惑在心[69]。公惧，召子韦而问焉，曰：“荧惑在心，何也？”子韦曰：“荧惑，天罚也。心，宋分野。祸且当君。虽然，可移于宰相。”公曰：“宰相所使治国家也，而移死焉，不祥。”子韦曰：“可移于民。”公曰：“民死，寡人谁为君乎？宁独死耳！”子韦曰：“可移于岁。”公曰“岁，民之命。岁饥，民必死矣。为人君而欲杀其民以自活也，其谁以我为君者乎？是寡人之命固已尽矣，子韦无复言矣。”子韦还走，北面再拜曰：“敢贺君。天之处高而听卑。君有君人之言三，天必[有]三赏君。今夕星必徙三舍，君延年二十一岁。”公曰：“子奚以知之？”对曰：“君有君人之言三，故有三赏，星必三徙舍。舍行七[里]星，星当一年，三七二十一，故君[移]延年二十一岁。臣请伏于陛下以伺之。星不徙，臣请死之。”公曰：“可。”是夕也，星果三徙舍[70]。故《老子》曰：“能受国之不祥，是谓天下王[71]。”

昔者公孙龙在赵之时，谓弟子曰：“人而无能者，龙不能与游。”有客衣褐带索而见曰：“臣能呼。”公孙龙顾谓弟子曰：“门下故有能呼者乎？”对曰：“无有。”公孙龙曰：“与之弟子之籍。”后数日，往说燕王，至于河上，而航在一汜，使善呼者呼之，一呼而航来。故曰，圣人之处世，不逆有伎能之士。故《老子》曰：“人无弃人，物无弃物，是谓袭明[72]。”

子发攻蔡，逾之[73]。宣王郊迎，列田百顷而封之执圭。子发辞不受，曰：“治国立政，诸侯入宾，此君之德也；发号施令，师未合而敌遁，此将军之威也；兵陈战而胜敌者，此庶民之力也。夫乘民之功劳，而取其爵禄者，非仁义之道也。”故辞而弗受。故《老子》曰：“功成而不居，夫惟不居，是以不去[74]。”

晋文公伐原，与大夫期三日。三日而原不降，文公令去之。军吏曰：“原不过一二日将降矣。”君曰：“吾不知原三日而不可得下也。以与大夫期，尽而不罢，失信得原，吾弗为也。”原人闻之，曰：“有君若此，可弗降也？”遂降。温人闻亦请降[75]。故《老子》曰：“窈兮冥兮，其中有精，其精甚真，其中有信。”故“美言可以市尊，美行可以加人[76]”。

公仪休相鲁，而嗜鱼。一国献鱼，公仪子弗受。其弟子谏曰：“夫子嗜鱼，弗受，何也？”答曰：“夫唯嗜鱼，故弗受。夫受鱼而免于相，虽嗜鱼，不能自给鱼；毋受鱼而不免于相，则能长自给鱼。”此明于为人为己者也[77]。故《老子》曰："后其身而身先，外其身而身存，非以其无私邪？故能成其私。"一曰："知足不辱[78]。"

狐丘丈人谓孙叔敖曰："人有三怨，子知之乎？"孙叔敖曰："何谓也？"对曰："爵高者，士妒之；官大者，主恶之；禄厚者，怨处之。"孙叔敖曰："吾爵益高，吾志益下；吾官益大，吾心益小；吾禄益厚，吾施益博。是以免三怨，可乎[79]？"故《老子》曰："贵必以贱为本，高必以下为基[80]。"

大司马捶钩者[81]，年八十矣，而不失钩芒。大司马曰："子巧邪？有道邪？"曰："臣有守也。臣年二十好捶钩，于物无视也，非钩无察也。"是以用之者，必假于弗用也，而以长得其用，而况持无不用者乎？物孰不济焉[82]！故《老子》曰："从事于道者同于道[83]。"

文王砥德修政，三年而天下二垂归之。纣闻而患之曰："余夙兴夜寐，与之竞行，则苦心劳形；纵而置之，恐伐余一人。"崇侯虎曰："周伯昌行仁义而善谋，太子发勇敢而不疑，中子旦恭俭而知时。若与之从，则不堪其殃；纵而赦之，身必危亡。冠虽弊，必加于头。及未成，请图之。"屈商乃拘文王于羑里。于是散宜生乃以千金求天下之珍怪，得驺虞、鸡斯[84]之乘，玄玉百[工]珏[85]，大贝百朋[86]，玄豹、黄罴、青豻[87]、白虎文皮千合，以献于纣，因费仲而通。纣见而说之，乃免其身，杀牛而赐之。文王归，乃为玉门，筑灵台，相女童，击钟鼓，以待纣之失也。纣闻之曰："周伯昌改道易行，吾无忧矣。"乃为炮烙，剖比干，剔孕妇，杀谏者。文王乃遂其谋。故《老子》曰："知其荣，守其辱，为天下谷[88]。"

成王问政于尹佚曰："吾何德之行，而民亲其上？"对曰："使之以时，而敬顺之。"王曰："其度安[在]至？"曰："如临深渊，如履薄冰。"王曰："惧哉，王人乎！"尹佚曰："天地之间，四海之内，善之则吾畜也，不善则吾仇也。昔夏商之臣，反仇桀、纣而臣汤、武，宿沙之民皆自攻其君而归神农，此世之所明知也。如何其无惧也[89]！"故《老子》曰："人之所畏，不可不畏也[90]。"

跖之徒问跖曰："盗亦有道乎？"跖曰："奚适其[无]有道也。夫意而中藏者，圣也；入先者，勇也；出后者，义也；分均者，仁也；知可否者，智也。五者不备，而能成大盗者，天下无之。"由此观之，盗贼之心，必托圣人之道，而后可行[91]。故《老子》曰："绝圣弃智，民利百倍[92]。"

楚将子发好求技道之士。楚有善为偷者，往见曰："闻君求技道之士。臣楚市偷也，愿以技赍[93]一卒。"子发闻之，衣不给带，冠不暇正，出见而礼之。左右谏曰："偷者，天下之盗也。何为之礼？"君曰："此非左右之所得与。"后无几何，齐兴兵伐楚，子发将师以当之，兵三却。楚贤良大夫皆尽其计而悉其诚，齐师愈强。于是市偷进请曰："臣有薄技，愿为君行之。"子发曰："诺。"不问其辞而遣之。偷则夜解齐将军之帱帐而献之。子发因使人归之曰："卒有出薪者，得将军之帷，使归之于执事。"明[又]

夕复往，取其枕。子发又使人归之。明[日]夕又复往，取其簪。子发又使归之。齐师闻之，大骇。将军与军吏谋曰："今日不去，楚[君]军恐取吾头。"乃还师而去。故曰：技无细而能薄，在人君用之耳。故《老子》曰："不善人，善人之资也[94]。"

颜回谓仲尼曰："回益矣。"仲尼曰："何谓也？"曰："回忘礼乐矣。"仲尼曰："可矣，犹未也。"异日，复见曰："回益矣。"仲尼曰："何谓也？"曰："回忘仁义也。"仲尼曰："可矣，犹未也。"异日，复见曰："回坐忘矣。"仲尼遽然曰："何谓坐忘？"颜回曰："隳支体，黜聪明，离形去知，洞于化通。是谓坐忘。"仲尼曰："洞则无善也，化则无常矣。而夫子荐[95]贤。丘请从之后[96]。"故《老子》曰："载营魄抱一，能无离乎？专气至柔，能如婴儿乎[97]？"

秦穆公兴师，将以袭郑。蹇叔曰："不可。臣闻袭国者，以车不过百里，以人不过三十里，为其谋未及发泄也，甲兵未及[锐]钝弊也，粮食未及乏绝也，人民未及罢病也。皆以其气之高与其力之盛，[至]是以犯敌能[威]灭，去之所速。今行数千里，又数绝诸侯之地，以袭国，臣不知其可也。君重图之！"穆公不听。蹇叔送师，衰绖而哭之。师遂行，过周而东。郑贾人弦高矫郑伯之命，以十二牛劳秦师而宾之。三帅乃惧而谋曰："吾行数千里以袭人，未至而人已知之。其备必先成，不可袭也。"还师而去。当此之时，晋文公适薨，未葬。先轸言于襄公曰："昔吾先君与穆公交，天下莫不闻，诸侯莫不知。今吾君薨未葬，而不吊吾丧，而不假道，是死吾君而弱吾孤也。请击之。"襄公许诺。先轸举兵而与秦师遇于殽。大破之，禽其三帅以归。穆公闻之，素服庙临，以说于众[98]。故《老子》曰："知而不知尚矣，不知而知病也[99]。"

齐王后死，王欲置后而未定，使群臣议。薛公欲中王之意，因献十珥而美其一。旦日，因问美珥之所在，因劝立以为王后。齐王大说，遂尊重薛公。故人主之[意]嗜欲见于外，则为人臣之所制。故《老子》曰："塞其兑，闭其门，终身不勤[100]。"

卢敖游乎北海[101]，经乎太阴，入乎玄阙[102]，至于蒙谷[103]之上。见一士焉，深目而玄鬓，[泪注]渠[104]颈而鸢肩，丰上而杀下，轩轩然方迎风而舞。顾见卢敖，慢然下其臂，遁逃乎碑下。卢敖就而视之，方倦[105]龟壳而食蛤梨。卢敖与之语曰："唯敖为背群离党，穷观于六合之外者，非敖而已乎？敖幼而好游，至长不渝解[106]。周行四极，唯北阴之未窥。今卒睹夫子于是，子殆可与敖为友乎？"若士者齤然[107]而笑曰："嘻，子中州之民，宁肯而远至此，此犹光乎日月而载列星[108]。阴阳之所行，四时之所生，其比夫不名之地，犹窔奥也[109]。若我南游乎[冈]罔㝗[110]之野，北息乎沉墨之乡，西穷窅冥之党，东[开]关鸿濛之[先]光。此其下无地而上无天，听焉无闻，视焉[无瞩]则眴。此其外犹有汰沃之汜

[111]。其余一举而千万里，吾犹未之能[之在]至。今子游始于此，乃语穷观，岂不[亦]远哉！然子处矣，吾与汗漫期于九垓之[外]上，吾不可以久[驻]。”若士举臂而竦身，遂入云中。卢敖仰而视之，弗见，乃止驾，心柸治[112]，悖若有丧也，曰：“吾比夫子，犹黄鹄与壤虫[113]也。终日行不离咫尺，而自以为远，岂不悲哉！”故《庄子》曰：“小年不及大年，小知不及大知；朝菌不知晦朔，蟪蛄不知春秋[114]。”此言明之有所不见也。

[季]孚子治亶父三年[115]，而巫马期绕衣短褐[116]，易容貌，往观化焉。见夜渔者得鱼则释之。巫马期问焉，曰：“凡子所为渔者，欲得也。今得而释之，何也？”渔者对曰：“[季]孚子不欲人取小鱼也。所得者小鱼，是以释之。”巫马期归，以报孔子曰：“[季]孚子之德至矣！使人暗行，若有严刑在其侧者。[季]孚子何以至于此？”孔子曰：“丘尝问之以治，言曰：‘[诚]诚于此者刑于彼。’[季]孚子必行此术也。”故《老子》曰：“去彼取此[117]。”

罔两问于景曰[118]：“昭昭者，神明也。”景曰：“非也。”罔两曰：“子何以知之？”景曰：“扶桑受谢，日照宇宙[119]，昭昭之光，辉烛四海。阖户塞牖，则无由入矣。若神明，四通并流，无所不极，上际于天，下蟠于地。化育万物，而不可为象；俯仰之间，而抚四海之外。昭昭何足以明之！”故《老子》曰：“天下之至柔，驰骋天下之至坚[120]。”

光耀问于无有曰：“子果有乎？其果无有乎？”无有弗

应也。光耀不得问，而就视其状貌，冥然忽然，视之不见其形，听之不闻其声，搏之不可得，望之不可极也。光耀曰："贵矣哉！孰能至于此乎？予能有无矣，未能无无也。及其为无无，又何从至于此哉[121]！"故《老子》曰："无有入于无间，吾是以知无为之有益也[122]。"

白公胜虑乱，罢朝而立，倒杖策，錣上贯颐[123]，血流至地而弗知也。郑人闻之，曰："颐之忘，将何不忘哉！"此言精神之越于外，智虑之荡于内，则不能漏理其形也。是故神之所用者远，则所遗者近也。故《老子》曰："不出户以知天下，不窥牖以见天道，其出弥远，其知弥少[124]。"此之谓也。

秦皇帝得天下，恐不能守，发边戍，筑长城，修关梁，设障塞，具传车，置边吏。然刘氏夺之，若转闭锤。昔武王伐纣，破之牧野，乃封比干之墓，表商容之闾，柴[125]箕子之门，朝成汤之庙，发钜桥之粟，散鹿台之钱，破鼓折枹，弛弓绝弦。去舍露宿，以示平易；解剑带笏，以示无仇。于此天下歌谣而乐之，诸侯执币相朝，三十四世不夺。故《老子》曰："善闭者，无关键而不可开也；善结者，无绳约而不可解也[126]。"

尹需学御，三年而无得焉。私自苦痛，常寝想之。中夜，梦受秋驾[127]于师。明日往朝，师望[之]而谓之曰："吾非爱道于子也，恐子不可予也。今日教子以秋驾。"尹需反走北面再拜曰："臣有天幸，今夕固梦受之[128]。"故《老子》

曰："致虚极，守静笃，万物并作，吾以观其复也[129]。"

昔孙叔敖三得令尹，无喜志；三去令尹，无忧色。延陵季子，吴人愿一[130]以为王而不肯。许由让天下而弗受。晏子与崔杼盟，临死地不变其仪。此皆有所远通也。精神通于死生，则物孰能惑之？荆有佽非，得宝剑于干队，还反度江，至于中流，阳侯之波，两蛟[侠]夹绕其船。佽非谓枻[131]船者曰："尝有如此而得活者乎？"对曰："未尝见也。"于是佽非[瞑目]勃然瞋目攘臂拔剑曰："武士可以仁义之礼说也，不可劫而夺也。此江中之腐肉朽骨，弃剑而已，余有奚爱焉！"赴江刺蛟，遂断其头，船中人尽活，风波毕除，荆爵为执圭。孔子闻之曰："夫善[载]哉！不以腐肉朽骨弃剑者，佽非之谓乎[132]？"故《老子》曰："夫唯无以生为者，是贤于贵生焉[133]。"

齐人淳于髡以从说魏王，魏王辩之[134]，约车十乘，将使荆，辞而行。[人]又以为从未足也，复以衡说，其辞若然。魏王乃止其行而疏其身。失从[心]之志而又不能成衡之事，是其所以固也。夫言有宗，事有本，失其宗本，技能虽多，不若其寡也。故周鼎著倕而使龁其指[135]，先王有以见大巧之不可为也。故慎子[136]曰："匠人知为门，不能以[门]闭，所以不知门也。故必杜，然后能[门]开"。

墨者有田鸠者，欲见秦惠王。约车申辕，留于秦，周年不得见。客有言之楚王者，往见楚王。楚王甚悦之，予以节，使于秦。至，因见[予之将军之节]惠王，见而说之。出舍，喟然而叹，告从者曰："吾留秦三年，不得见，不识道之可以从楚也。"物故有近之而远，远之而近者。故大人之行，不[掩]扶以绳，至所极而已矣。此[所谓]筦子所谓[枭]鸟飞而[维]准绳者[137]。沣水之深，千仞而不受尘垢，投金铁[针]焉，则形见于外。非不深且清也，鱼鳖龙蛇莫之肯归也。是故石上不生五谷，秃山不游麋鹿，无所阴蔽[隐]也。

昔赵文子问于叔向曰："晋六将军其孰先亡乎？"对曰："中行、知氏。"文子曰："何乎？"对曰："其为政也，以苛为察，以切为明，以刻下为忠，以计多为功。譬之犹廓革者也，廓之，大则大矣，裂之道也。"故《老子》曰："其政闷闷，其民纯纯；其政察察，其民缺缺[138]。"

景公谓太卜曰："子之道何能？"对曰："能动地。"晏子往见公，公曰："寡人问太卜曰：'子之道何能？'对曰：'能动地。'地可动乎？"晏子默然不对。出见太卜曰："昔吾见句星在[房]驷心之间，地其动乎？"太卜曰："然。"晏子出，太卜走往见公，曰："臣非能动地，地固将动也。"田子阳闻之曰："晏子默然不对者，不欲太卜之死，往见太卜者，恐公之欺也。晏子可谓忠于上而惠于下矣。"故《老子》曰："方而不割，廉而不刿[139]。"

魏文侯觞诸大夫于曲阳。饮酒酣，文侯喟然叹曰："吾独无豫让以为臣乎！"蹇重举白[140]而进之曰："请浮君[141]。"君曰："何也？"对曰："臣闻之，有命之父母不知孝子，有道之君不知忠臣。夫豫让之君亦何如哉？"文侯受觞而饮，醻[142]不献，曰："无管仲、鲍叔以为臣[143]，故有豫让之功。"故《老子》曰："国家昏乱有忠臣。"

孔子观桓公之庙，有器焉谓之宥卮。孔子曰："善哉！予得见此器。"顾曰："弟子取水。"水至灌之，其中则正[144]，其盈则覆。孔子造然革容曰："善哉！持盈者乎！"子贡在侧曰："请问持盈。"曰："益而损之。"曰："何谓益而损之？"曰："夫物盛而衰，乐极则悲，日中而移，月盈而亏。是故聪明睿智，守之以愚；多闻博辩，守之以陋；[代]武力毅勇，守之以畏；富贵广大，守之以俭；德施天下，守之以让。此五者，先王所以守天下而弗失也；反此五者，未尝不危也。"故《老子》曰："服此道者不欲盈，夫唯不盈，故能弊而不新成[145]。"

武王问太公曰："寡人伐纣，天下[是]谓臣杀其主而下伐其上也。吾恐后世之用兵不休，斗争不已，为之奈何？"太公曰："甚善，王之问也！夫未得兽者，唯恐其创之小也；已得之，唯恐伤肉之多也。王若欲久持之，则塞民于兑[146]，道[全]令[147]为无用之事，烦扰之教。彼皆乐其业，[供]佚其情，昭昭而道冥冥。于是乃去其[瞀]鍪而载之[木]术[148]，解其剑而带之笏。为三年之丧，令类不蕃；高辞卑让，使民不争。酒肉以通之，竽瑟以娱之，鬼神以畏之，繁文滋礼以弇[149]其质。厚葬久丧，以亶[150]其家；含珠鳞、施纶组，以贫其财；深凿高垄，以尽其力。家贫族少，虑患者[贫]寡，以此移风，可以持天下弗失。"故《老子》曰："化而欲作，吾将镇之以无名之朴也[151]。”

---

[1]言形自形耳，形形者竟无物也。 [2]白公：楚平王之孙，太子建之子胜也。建见杀，白公怨而欲复仇，故问微言也。 [3]菑、渑：齐二水名。 [4]言唯知言之谓者，乃可与微言也。 [5]白公与孔子问答之语，又见《吕览·精诚》篇与《列子·说符》篇。 [6]见《老子》第七十章。 [7]惠子：惠施也。惠王：梁惠王也。 [8]先生：乃长老，有德者之称。 [9]惠施事又见《吕览·淫辞》篇。 [10]见《老子》第五十七章。 [11]田骈事见《吕览·执一》篇。 [12]语见《老子》第十四章。 [13]白公胜事见《左传》哀公十六年。石乙，《左传》作“石乞”。 [14]见《老子》第九章。 [15]无恤：襄子之名，庶出，故曰贱也。 [16]赵简子事又见《说苑·建本》篇。 [17]见《老子》第二十八章。 [18]啮缺，被衣：皆尧时老人也。 [19]惷（chǔn）：愚也。 [20]仇夷：熟视不言貌。 [21]啮缺与被衣之问答，见《庄子·知北游》篇。 [22]见《老子》第十章。 [23]左人、终人：翟之二邑。 [24]扚（dí）：拉开，引也。 [25]见《老子》第四章。 [26]四累：犹言四倍也。世本注：此上凡四事皆累于世而男女莫不欢然为上也。 [27]惠孟事又见《吕览·顺说》篇与《列子·说符》篇。惠孟，亦作“惠盎”。 [28]见《老子》第七十三章。 [29]蛩蛩（qióng），駏驉（jù xū）：兽名。 [30]见《老子》第七十四章。 [31]“大制无割”见《老子》第二十八章。“致数舆无舆”见第三十九章。 [32]教顺：教训也。 [33]见《老子》

第五十二章。 [34]见《老子》第九章。 [35]爝：炬火也。 [36]《文选·啸赋》注，引此歌曰“出东门兮厉石斑，上有松柏兮清且闲；粗布衣兮缊缕，时不遇兮尧舜；牛兮努力食细草：大臣在尔侧，吾当与尔适楚国。” [37]言合已听知之意，所以用之也。 [38]见《老子》第二十五章。 [39]见《老子》第十三章。文稍异。 [40]公子牟事见《庄子·让王》篇与《吕览·审君》篇。 [41]“知和”等四句，见《老子》第五十五章，“用其光”句见《老子》第五十二章。 [42]楚庄事见《吕览·执一》篇。 [43]见《老子》第五十四章。 [44]苦：急意也。甘：缓意也。 [45]见《老子》第一章。 [46]子罕事见《韩非子·外储说右篇》，又见《韩诗外传》。 [47]见《老子》第三十六章。 [48]周涂：犹大路也。 [49]王寿事见《韩非子·喻老》篇。 [50]见《老子》第五章。 [51]疏：徒跣也。 [52]方皇：水名。 [53]见《老子》第三章。
[54]馂（jùn）：古代吃过干饭之后，加添的水饭，如今之稀粥，宜于逃亡中的重耳食用。 [55]厘负羁事见《左传》僖公二十三年及二十八年。 [56]见《老子》第二十二章。 [57]先马：言走先马前，即上文所谓身为臣也。 [58]擒吴王夫差于干遂也。 [59]见《老子》第七十八章。 [60]赵襄子事见《新序·杂事》及《韩诗外传》。 [61]见《老子》第二十二章。 [62]言精神不动，若亡其身也。 [63]以：犹与也。儋缠：言负荷绳索也。儋：通作“担”。九方堙，《列子》作“九方皋”。九方堙事见《列子·说符》篇。 [64]见《老子》第四十五章。 [65]须：犹待也。 [66]屈宜若事见《说苑》之

《指武》《权谋》篇。 [67]见《老子》第四章。 [68]见《老子》第七十八章。 [69]荧惑：火星，经常运行。在心：即运行到宋的心宿位置。 [70]子韦事见《吕览·制乐》篇、《新序·杂事》篇、《史记·宋世家》等。 [71]见《老子》第七十八章。 [72]见《老子》第二十七章。 [73]逾之：谓克胜之也。 [74]见《老子》第二章。 [75]围原事见《左传》僖公二十五年。 [76]“窈兮冥兮”四句见《老子》第二十一章。“美言”二句见《老子》第六十二章，但今本《老子》文微异。 [77]公仪休事见《韩非子·外储说右下》篇。 [78]“后其身”四句见《老子》第七章。“知足不辱”句见第四十四章。 [79]孙叔敖语见《列子·说符》篇。 [80]见《老子》第三十九章。 [81]言大司马之捶钩者。 [82]捶钩事见《庄子·知北游》篇。 [83]见《老子》第二十三章。 [84]驺虞：白虎黑文，性仁，食自死之兽，日行千里。鸡斯：神马也。 [85]二玉为一珏（jué）也。 [86]二贝为一朋也。或说五贝为一系，两系为一朋。世本注：五贝为一朋。 [87]豻（àn）：胡地野犬也。 [88]见《老子》第二十八章。 [89]成王事见《说苑·政理》篇。 [90]见《老子》第二章。 [91]盗跖及其徒之问答见《庄子·胠箧》篇。 [92]见《老子》第十九章。 [93]赍（jī）：备也。 [94]见《老子》第二十七章。 [95]荐：先也。 [96]颜回事见《庄子·大宗师》篇。 [97]见《老子》第十章。 [98]穆公伐郑及殽之战，见《左传》僖公三十二年及三十三年。 [99]见《老子》第七十一章。 [100]见《老子》第五十二章。 [101]卢敖：燕人。秦始皇召以为博士，使求神仙，亡而不返也。 [102]太阴：北方也。玄阙：北方之山也。 [103]蒙谷：山名。 [104]渠：大也。 [105]倦：依也。 [106]渝：懈也。 [107]𪖐（quán）：笑露齿也。 [108]言此地尚见日月列星之光。 [109]言我所游不名之地，以比若（指卢敖）所游者，则若犹游于窔奥耳。窔奥，室内也。 [110]罔㝗（liáng）：空旷。 [111]汰沃：四海与天之际水流声也。氾：涯也。 [112]柸治：不怡也。世本注：楚人谓恨不得为杯治世。 [113]壤虫：虫之幼也。 [114]见《庄子·逍遥游》篇。 [115]孚子：子贱也。孚与宓声相近，故可通用。 [116]巫马期：孔子弟子。绕：丧服也。 [117]见《老子》第十二篇。 [118]罔两：影外之微阴。景，影之古字。 [119]扶桑：日所出之木。言扶桑受日光而炤宇宙也。 [120]见《老子》第四十三章。 [121]光耀与无有之问答，见《庄子·知北游》篇。 [122]见《老子》第四十三章。 [123]策：马捶，其端有针以刺马，谓之錣（zhuì）。倒杖策：故錣上贯颐也。 [124]见《老子》第四十七章。 [125]柴：守护之也。 [126]见《老子》第二十七章。 [127]秋架：善御之术。 [128]尹需事见《吕览·博志》篇。 [129]见《老子》第十六章。 [130]一：是衍文，本节出自《吕氏春秋·知分》，原无“一”字。 [131]枻（yì）：即桨，用作动词，划船的意思。 [132]佽（cì）非事见《吕览·知分》篇。原书作“次非”。 [133]见《老子》第七十五章。 [134]淳于髡（kūn）事见《吕览·杂谓》篇。 [135]倕：尧时巧工；周人铸鼎画像，铸倕身于鼎，使自衔其指，以戒后世，不尚大巧为也。　[136]慎子：名到，齐人。　[137]言鸟飞虽不必如绳之直，然意南而南，意北而北，总期于还山集谷而后止，则亦与准于绳者无异，所谓苟大意得，不以小缺为伤；盖以喻大人之行也。　[138]见《老子》第五十八章。　[139]见《老子》第五十八章。此句意为：方正而不绝情，有棱角而不伤人。
[140]举白：进酒也。　[141]浮：罚也。　[142]釂（jiào）：饮酒尽也。　[143]见《老子》第十八章。　[144]中：水半卮也。　[145]见《老子》第十五章。　[146]兑：耳目鼻口也。
[147]道令：犹言导使也。　[148]鍪：首铠也。术：鹬鸟冠也。术即鹬字，鹬音聿，又音述。　[149]弇（yǎn）：掩盖。
[150]亶：通“殚”，尽。　[151]见《老子》第三十七章。

# 诠言篇

洞同天地，浑沌为朴，未造而成物，谓之太一[1]。同出于一，所为各异，有鸟，有鱼，有兽，有虫谓之[分]方物。方以类别，物以群分，性命不同，皆形于有。隔而不通，分而为万物，莫能[及]反宗。故动而谓之生，死而谓之穷，皆为物矣。非不物而物物者也[2]，物物者亡乎万物之中[3]。稽古太初，人生于无，形于有，有形而制于物。能反其所生，若未有形，谓之真人。真人者，未始分于太一者也。圣人不为名尸[4]，不为谋府，不为事任，不为智主；藏无形，行无迹，游无朕；不为福先，不为祸始；保于虚无，动于不得已。欲福者或为祸，欲利者或离[5]害。故无为而宁者，失其所以宁则危；无事而治者，失其所以治则乱。星列于天而明，故人指之；义列于德而见，故人视之。人之所指，动则有章；人之所视，行则有迹。动有章则[词]诃，行有迹则议。故圣人掩明于不形，藏迹于无为。王子庆忌死于剑[6]，羿死于桃棓[7]，子路菹于卫，苏秦死于口。人莫不贵其所有，而贱其所短，然而皆溺其所贵，而极其所贱，所贵者有形，所贱者无朕也。故虎豹之强来射，猿狖之捷来措[8]。人能贵其所贱，贱其所贵，可与言至论矣。

自信者，不可以诽誉迁也；知足者，不可以势利诱也。故通性之情者，不务性之所无以为；通命之情者，不忧命之所无奈何；通于道者，物莫[不]足滑其[调]和[9]。詹何[10]曰："未尝闻身治而国乱者也，未尝闻身乱而国治者也。矩不正，不可以为方；规不正，不可以为员。身者，事之规矩也，未闻枉己而能正人者也。"原天命，治心术，理好憎，适情性，则治道通矣。原天命，则不惑祸福；治心术，则不妄喜怒；理好憎，则不贪无用；适情性，则欲不过节。不惑祸福，则动静循理；不妄喜怒，则赏罚不阿；不贪无用，则不以欲[用]害性；欲不过节，则养性知足。凡此四者，弗求于外，弗假于人，反己而得矣。

天下不可以智为也，不可以慧识也，不可以事治也，不可以仁附也，不可以强胜也。五者，皆人才也，德不盛不能成一焉。德立则五无殆，五见则德无位矣。故得道则愚者有余，失道则智者不足。渡水而无游数[11]，虽强必沉。有游数，虽羸必遂，又况托于舟航之上乎？为治之本，务在于安民；安民之本，在于足用；足用之本，在于勿夺时；勿夺时之本，在于省事；省事之本，在于节欲；节欲之本，在于反性；反性之本，在于去载[12]。去载则虚，虚则平。平者，道之素也；虚者，道之舍也。能有天下者必不失其国，能有其国者必不丧其家，能治其家者必不遗其身，能修其身者必不忘其心，能原其心者必不亏其性，能全其性者必不惑于道。故广成子[13]曰："慎守而内，周闭而外，多知为败。毋视毋听，抱神以静，形将自正。”不得之己而能知彼者，未之有也。故《易》曰：“括囊，无咎无誉。”能成霸王者必得胜者也，能胜敌者必强者也，能强者必用人力者也，能用人力者必得人心也，能得人心者必自得者也，能自得者必柔弱也。强胜不若己者，至于与同，则格[14]。柔胜出于己者，其力不可度[15]。故能以众不胜成大胜者，唯圣人能之。善游者不学刺舟而便用之，劲筋[16]者不学骑马而便居之，轻天下者身不累于物，故能处之。泰王亶父处邠，狄人攻之，事之以皮币珠玉而不听，乃谢耆老而徙岐周，百姓携幼扶老而从之，遂成国焉。推此意，四世[17]而有天下，不亦宜乎！无以天下为者，必能治天下者。

霜雪雨露，生杀万物，天无为焉，犹之贵天也；厌文搔法[18]，治官理民者，有司也，君无事焉，犹尊君也。辟地垦草者，后稷也；决河浚江者，禹也；听狱制中者，皋陶也；有圣名者，尧也。故得道以御者，身虽无能，必使能者为己用；不得其道，伎艺虽多，未有益也。方船[19]济乎江，有虚船从一方来，触而覆之，虽有忮心[20]，必无怨色。有一人在其中，一谓张之，一谓歙之[21]，再三呼而不应，必以丑声随其后。向不怒而今怒，向虚而今实也。人能虚己以游于世，孰能訾之？释道而任智者必危，弃数而用才者必困。有以欲多而亡者，未有以无欲而危者也；有以欲治而乱者，未有以守常而失者也。故智不足免患，愚不足以至于失。宁守其分，循其理，失之不忧，得之不喜。故成者非所为也，得者非所求也。入者有受而无取，出者有授而无予。因春而生，因秋而杀，所生者弗得，所杀者非怨，则几于道也。

圣人不为可非之行，不憎人之非己也；修足誉之德，不求人之誉己也；不能使祸不至，信己之不迎也；不能使福必来，信己之不攘[22]也。祸之至也，非其求所生，故穷而不忧；福之至也，非其求所成，故通而弗矜[23]。知祸福之制不在于己也，故闲居而乐，无为而治。圣人守其所以[24]有，不求其所未得。求其所[无]未得，则所有者亡矣；修其所已有，则所欲者至。故用兵者先为不可胜，以待敌之可胜也；治国者先为不可夺，以待敌之可夺也。舜修之历山，而海内从化；文王修之岐周，而天下移风。使舜趋天下之利而忘修己之道，身犹弗能保，何尺地之有？故治未固[25]于不乱，而事为治者必危；行未固于无非，而急求名者必剉[26]也。福莫大无祸，利莫美不丧。动之为物，不损则益，不成则毁，不利则病，皆险也，道之者危。故秦胜乎戎而败乎殽[27]，楚胜乎诸夏而败乎柏莒[28]。故道不可以劝[而]就利者，而可以宁避害者。故常[29]无祸，不常有福；常无罪，不常有功。

圣人无思虑，无设储[30]，来者弗迎，去者弗将[31]。人虽东西南北，独立中央。故处众枉之中，不失其直；天下皆流，独不离其坛域。故不为[善]好，不避丑，遵天之道；不为始，不专己，循天之理；不豫谋，不弃时，与天为期；不求得，不辞福，从天之则。不求所无，不失所得，内无[旁]奇祸，外无[旁]奇福。祸福不生，安有人贼？为善则观，为不善则议；观则生[贵]责，议则生患。故道术不可以进而求名，[不]而可以退而修身；不可以得利而可以离害。故圣人不以行求名，不以智见誉；法[修]循自然，己无所与。虑不胜数，行不胜德，事不胜道。为者有不成，求者有不得。人有穷，而道无不通，与道争则凶。故《诗》曰："弗识弗知，顺帝[32]之则。"有智而无为，与无智者同道；有能而无事，与无能者同德。其智也，告之者至，然后觉其动也；其能也，使之者至，然后觉其为也。有智若无智，有能若无能，道理为正也。故功盖天下，不施其美，泽及后世，不有其名。道理通而人伪灭也。

名与道不两明，人[受]爱名则道不用，道胜人则名息矣。道与人竞长，章人者息道者也。人章道息，则危不远矣。故世有盛名，则衰之日至矣。欲尸名者必为善，欲为善者必生事，事生则释公而就私，背数而任己。欲见誉于为善，而立名于为[质]贤，则治不[修]循故，而事不[须]顺时。治不[修]循故则多责，事不[须]顺时则无功。责多功鲜，无以塞之，则妄发而邀当，妄为而要中。功之成也，不足[以]更[33]责；事之败也，[不]足以敝身。故重为善若重为非，[而]则几于道矣。

天下非无信士也，临货分财，必探筹而定分，以为有心者之于平，不若无心者也；天下非无廉士也，然而守重宝者，必关户而[全]玺封，以为有欲者之于廉，不若无欲者也。人举其疵则怨人，鉴见其丑则善鉴[34]。人能接物而不与己焉[35]，则免于累矣。公孙龙粲于辞而贸名[36]，邓析巧辩而乱法[37]，苏秦善说而亡[国]身。由其道则善无章，[修]循其理则巧无名。故以巧斗力者，始于阳，常卒于阴[38]；以慧治国者，始于治，常卒于乱。使水流下，孰弗能治，激而上之，非巧不能。故文胜则质掩，邪巧则正塞之也。

德可以自修，而不可以使人暴；道可以自治，而不可以使人乱。虽有圣贤之[宝]资，不遇暴乱之世，可以全身，而未可以霸王也。汤、武之王也，遇桀、纣之暴也。桀、纣非以汤、武之贤而暴也，汤、武遭桀、纣之暴而王也。故虽贤王必待遇。遇者能遭于时而得之也，非智能所求而成也。君子修行而使善无名，布施而使仁无章。故士行善而不知善之所由来，民澹利而不知利之所由出，故无为而自治。善有章，则士争名；利有本，则民争功。二争者生，虽有贤者弗能治。故圣人掩迹于为善，而息名于为仁也。外交而为援，事大而为安，不若内治而待时。凡事人者，非以宝币，必以卑辞。事以玉帛，则货殚而欲不厌；卑体婉辞，则谕说而交不结；约束誓盟，则约定而反无日。虽割国之锱锤以事人，而无自恃之道，不足以为全。若诚[外]释外交之策，而慎修其境内之事；尽其地力，以多其积；厉其民死，以牢其城；上下一心，君臣同志，与之守社稷，教[39]死而民弗离，则为名者不伐无罪，而为利者不攻难胜，此必全之道也。

民有道所同道，有法所同守，为义之不能相固，威之不能相必也，故立君以一民。君执一则治，无常则乱。君道者，非所以为也，所以无为也。何谓无为？智者不以位为事，勇者不以位为暴，仁者不以位为[患]惠，可谓无为矣。夫无为则得于一也。一也者，万物之本也，无敌之道也。凡人之性，少则猖狂，壮则暴强，老则好利，一人之身既数变矣，又况君数易法，国数易君。人以其位通其好憎，下之径衢，不可胜理，故君失一，则乱甚于无君之时。故《诗》曰："不愆不忘，率由旧章。"此之谓也。

君好智，则倍时而任己，弃数而用虑。天下之物博而智浅，以浅澹博，未有能者也。独任其智，失必多矣。故好智，穷术也。好勇则轻敌而简备，自负而辞助，一人之力以御强敌，不杖众多而专用身，才必不堪也。故好勇，危术也。好与，则无定分。上之分不定，则下之望无止。若多赋敛，实府库，则与民为仇；少取多与，数未之有也。故好与，来怨之道也。仁智勇力，人之美才也，而莫足以治天下。由此观之，贤能之不足任也，而道术之可修，明矣。

圣人胜心，众人胜欲；君子行正气，小人行邪气。内便于性，外合于义，循理而动，不系于物者，正气也。重于滋味，淫于声色，发于喜怒，不顾后患者，邪气也。邪与正相伤，欲与性相害，不可两立，一置一废，故圣人损欲而从[事于]性。目好色，耳好声，口好味，接而说之，不知利害[嗜]者，欲也。食之不宁于体，听之不合于道，视之不便于性，三官[40]交争，以义为制者，心也。割痤[41]疽非不痛也；饮毒药非不苦也，然而为之者，便于身也。渴而饮水非不快也，饥而大餐非不澹也，然而弗为者，害于性也。此四者，耳目[鼻]口不知所取去。心为之制，各得其所。由是观之，欲之不可胜明矣。凡治身养性，节寝处，适饮食，和喜怒，便动静，使在己者得，而邪气[因而]自不生。岂若忧瘕[疵]痂[42]之[与]兴痤疽之发，而豫备之哉？夫函牛之鼎沸[43]，而蝇蚋弗敢入；昆山之玉瑱[44]，而尘垢弗能污也。圣人无去之心，而心无丑；无取之美，而美不失。故祭祀思亲不求福，飨宾修敬不思德，唯弗求者能有之。处尊位者，以有公道而无私说，故称尊焉，不称贤也；有大地者，以有常术而无钤谋，故称平焉，不称智也。内无暴事以离怨于百姓，外无贤行以见忌于诸侯。上下之礼，袭而不离，而为论者，莫然不见所观焉，此所谓藏无形者。非藏无形，孰能形？

三代之所道者，因也。故禹决江河，因水也；后稷播种树谷，因地也；汤、武平暴乱，因时也。故天下可得而不可取也，霸王可受而不可求也。[在]任智则人与之讼，[在]任力则人与之争。未有使人无智者，有使人不能用其智于己者也；未有使人无力者，有使人不能施其力于己者也[45]。此两者常在久见。故君贤不见，则诸侯不备。不肖不见，则百姓不怨；百姓不怨，则民用可得。诸侯弗备，则天下之时可承。事所与众同也，功所与时成也，圣人无焉。故老子曰："虎无所措其爪，兕无所措其角。"盖谓此也。鼓不[灭]藏于声，故能有声；镜不[没]设于形，故能有形[46]。金石有声，弗叩弗鸣；管箫有音，弗吹无声。圣人内藏，不为物

[先]倡，事来而制，物至而应。饰其外者伤其内，扶其情者害其神，见其文者蔽其质。无须臾忘为质者，必困于性；百步之中不忘其容者，必累其形。故羽翼美者伤骨骸，枝叶美者害根茎，能两美者，天下无之也。

天有明，不忧民之晦也，百姓穿户凿牖自取照焉；地有财，不忧民之贫也，百姓伐木芟草自取富焉。至德道者，若丘山，嵬然不动，行者以为期也[47]。直己而足物[48]，不为人赣[49]，用之者亦不受其德，故宁而能久。天地无予也，故无夺也；日月无德也，故无怨也。喜德者必多怨，喜予者必善夺。唯灭迹于无为，而随天地自然者，[唯]为能胜理[50]而[为受]无爱名。名兴则道不行，道行则人无位矣。故誉生则毁随之，善见则怨从之。利则为害始，福则为祸先。唯不求利者为无害，唯不求福者为无祸。侯而求霸者，必失其侯；霸而求王者，必丧其霸。故国以全为常，霸王其寄[51]也；身以生为常，富贵其寄也。能不以天下伤其国，而不以国害其身者，[为]焉[52]可以托天下也。

不知道者，释其所已有，而求其所未得也。苦心愁虑以行曲，故福至则喜，祸至则怖，神劳于谋，智遽[53]于事，祸福萌生，终身不悔，己之所生[54]，乃反愁人。不喜则忧，中未尝平，持无所监，谓之狂生。

人主好仁则无功者赏，有罪者释；好刑，则有功者废，无罪者诛。及无好者，诛而无怨，施而不德；放准循绳，身无与事，若天若地，何不覆载？故合而舍之者，君也；制而诛之者，法也。民已受诛，[怨]无所[灭]怨憾，谓之道。道胜，则人无事矣。圣人无屈奇[55]之服，无瑰异之行；服不视，行不观，言不议；通而不华，穷而不慑，荣而不显，隐而不穷，异而不见怪，容而与众同。无以名之，此之谓大通。升降揖让，趋翔周游，不得已而为也，非性所有于身，情无符检[56]。行所不得已之事，而不解构耳，岂加故为哉[57]！故不得已而歌者，不事为悲；不得已而舞者，不矜为丽。歌舞而不事为悲丽者，皆无有根心者。善搏者不欲牟[58]，不恐不胜，平心定意，[捉]投得其齐[59]，行由其理，虽不必胜，得筹必多。何则？胜在于数，不在于欲。驰[60]者不贪最先，不恐独后，缓急调乎手，御心调乎马，虽不能必先载，马力必尽矣。何则？先在于数，而不在于欲也。是故灭欲则数胜，弃智则道立矣。贾多端则贫，工多技则穷，心不一也。故木之大者害其条，水之大者害其深。有智而无术，虽钻之不通；有百技而无一道，虽得之弗能守。故《诗》曰："淑人君子，其仪一也；其仪一也，心如结也。"君子其结于一乎？

舜弹五弦之琴，而歌《南风》之诗，以治天下；周公殽[臑]腝[61]不收于前，钟鼓不解于县，以辅成王，而海内平。匹夫百晦一守[62]，不遑启处，无所移之也。以一人兼听天下，日有余而治不足，使人为之也。处尊位者如尸，守官者如祝宰，尸虽能剥狗烧彘，弗为也，弗能无亏[63]；俎豆之列次，黍稷之先后，虽知弗教也，弗能无害也[64]。不能祝者不可以为祝，无害于为尸；不能御者不可以为仆，无害于为佐。故位愈尊而身愈佚，身愈大而事愈少。譬如张琴，小弦虽急，大弦必缓。

无为者，道之体也；执后者，道之容也。无为制有为，术也。执后之制先，数也。放于术则强，审于数则宁。今与人卞氏之璧，未受者，先也；求而致之，虽怨不逆者，后也。三人同舍，二人相争，争者各自以为直，不能相听。一人虽愚，必从旁而决之，非以智，不争也[65]。两人相斗，一羸在侧，助一人则胜，救一人则免。斗者虽强，必制一羸，非以勇也，以不斗也。由此观之，后之制先，静之胜躁，数也。倍道弃数，以求苟遇；变常易故，以知要遮；过则自非，中则以为候；暗行缪改，终身不寤，此之谓狂。有祸则诎，有福则赢，有过则悔，有功则矜，遂不知反，此谓狂人。员之中规，方之中矩，行成兽[66]，止成文，可以将少而不可以将众。蓼菜成行，瓶瓯有堤[67]，量粟而舂，数米而炊，可以治家，而不可以治国。涤杯而食，洗爵而饮，浣而后馈[68]，可以养家老，而不可以飨三军。非易不可以治大，非简不可以合众。大乐必易，大礼必简，易故能天，简故能地。大乐无怨，大礼不责，四海之内，莫不系统，故能帝也。

心有忧者，[筐]匡床[衽]袵席，弗能安也；菰饭犓牛，弗能甘也；琴瑟鸣竽，弗能乐也。患解忧除，然后食甘寝宁，居安游乐。由是观之，生有以乐也，死有以哀也。今务益性之所不能乐，而以害性之所以乐，故虽富有天下，贵为天子，而不免为哀之人。凡人之性，乐恬而憎悯[69]，乐佚而憎劳。心常无欲，可谓恬矣；形常无事，可谓佚矣。游心于恬，舍形于佚，以俟天命。自乐于内，无急于外，虽天下之大，不足以易其一概。日月廋而无[溉]概于志[70]，故虽贱如贵，虽贫如富。大道无形，大仁无亲，大辩无声，大廉不嗛，大勇不矜。五者无弃，而几乡方矣[71]。军多令则乱，酒多约则辩，乱则降北，辩则相贼。故始于都者，常[大]卒于鄙；始于乐者，常[大]卒于悲。其作始简者，其终[本]卒必[调]绸[72]。今有美酒嘉肴以相宾飨，卑体婉辞以接之，欲以合欢；争盈爵[73]之间，乃反生斗，斗而相伤，三族结怨，反其所憎，此酒之败也。

《诗》之失僻，乐之失刺，礼之失责。徵音非无羽声也，羽音非无徵声也，五音莫不有声，而以徵羽定名者，以胜者也[74]。故仁义智勇，圣人之所备有也，然而皆立一名者，言其大者也。

阳气起于东北，尽于西南；阴气起于西南，尽于东北。阴阳之始，皆调适相似。日长其类，以侵[75]相远，或热焦沙，或寒凝水。故圣人谨慎其所积。水出于山而入于海，稼生于野而藏于廪，见所始则知终矣。席之上先雚蕈[76]，樽之上先玄樽[77]，俎之上先生鱼，豆之上先泰羹[78]。此皆不快于耳目，不适于口腹，而先王贵之。先本而后末。圣人之接物，千变万轸，必有不化而应化者。夫寒之与暖相反，大寒地坼水凝，火弗为衰其[暑]热，大[热]暑烁石流金，火弗为益其烈。寒暑之变，无损益于己，质有[之]定也。圣人常后而不先，常应而不唱。不进而求，不退而让。随时三年，时去我先，去时三年，时在我后。无去无就，中立其所，天道无亲，唯德是与。有道者不失时与人，无道者失于时而取人。直己而待命，时之至不可迎而反也。要遮而求合，时之去不可追而援也。故不曰我无以为，而天下远；不曰我不欲，而天下不至。

古之存己者，乐德而忘贱，故名不动志；乐道而忘贫，故利不动心。名利充天下，不足以概志，故廉而能乐，静而能澹。故其身治者，可与言道矣。自身以上，至于荒芒[79]，[尔]亦远矣；自死而天下无穷[80]，[尔]亦滔矣[81]。以数杂[82]之寿，忧天下之乱，犹忧河水之少，泣而益之也。龟三千岁，浮游[83]不过三日，以浮游而为龟忧养生之具，人必笑之矣。故不忧天下之乱，而乐其身之治者，可与言道矣。君子为善，不能使福必来；不为非，而不能使祸无至。福之至也，非其所求，故不伐其功；祸之来也，非其所生，故不悔其行。内修极而横祸至者，皆天也，非人也。故中心常恬漠，不累[积]其德，狗吠而不惊，自信其情。故知道者不惑，知命者不忧。万乘之主卒，葬其骸于广野之中，祀其鬼神于明堂之上，神贵于形也。故神制形则[形]从，形胜神则[神]穷[84]。聪明虽用，必反诸神，谓之太冲。

---

[1]太一：元神，总万物者。　　[2]不物之物，恍惚虚无。

[3]物物者：造万物者也；此不在万物之中也。　[4]尸：主也。[5]离：通“罹”，遭受。　[6]王子庆忌：吴王僚之弟子；阖闾弑僚，庆忌勇健，亡在郑，阖闾畏之，使要离刺庆忌。　[7]棓（bàng）：大杖，以桃木为之，以击杀羿。按《说山》篇云“羿死桃部”，高注谓桃部地名也，与此说异。或谓《说山》篇注乃高注，而此篇则许注也，故不同。　[8]措：通“刺”，或通“戳”，谓绳以绊系之也。　[9]滑：乱也。句谓物莫能乱其天和也。　[10]詹何：战国时人，善术数；一日坐，弟子侍，有牛鸣于门外。弟子曰：“牛也，而白题。”何曰：“然，是黑牛也，而白在其角。”使人视之，果黑牛，而以布裹其角。　[11]游数：疑谓游术也。　[12]去载：去浮华载于心者也。载亦训饰。《兵略篇》：“载以银锡”，注，载，饰也。　[13]广成子：黄帝时人也。　[14]言强者能胜不若己者；至于与己同等强者，则必格斗，而胜负未可知也。　[15]出于己，谓优于己也。柔胜优于己者，言以不战而胜人也，故其力不可度。　[16]觞：同“筋”。[17]四世：谓太王，王季，文王，武王也。　[18]厌：持也；搔：劳也。　[19]方船：并船也。　[20]忮（zhì）心：褊狭之心也。　[21]持舟楫者，谓近岸为“歙”，远岸为“张”。[22]攘：却也。　[23]矜：自伐其攻也。　[24]以：古与“已”通用。　[25]固：必也。治未固于不乱，言为治未必不乱也。　[26]剉（cuò）：砍也。　[27]言秦穆公胜西戎，为晋败于殽也。　[28]言楚昭王胜诸夏而为吴败于柏莒（《左传》作“柏举”）。　[29]常：尚也。　[30]设储：犹言预备也。[31]将：送也。　[32]帝：指天，天即自然也。　[33]更：偿

也。　[34]鉴：镜也。此言人举己之疵则必怨其人，镜照见己之丑则反赞美镜，以为此镜善也。　[35]言人能接物而不有好憎，若镜之于形，则免于累矣。　[36]贸：乱也。公孙龙善辩，以白马非马，冰不寒，炭不热为论，故曰乱名也。　[37]邓析教郑人以讼，讼俱不曲，故子产以为乱法而诛之也。按《吕览·杂谓》篇："郑之富人有溺者，人得其尸者，富人请赎之，其人求金甚多。以告邓析，邓析曰：'安之。人必莫之卖矣。'得尸者患之，以告邓析，邓析又答曰：'安之。此必无所更买矣。'"此亦足见邓析之巧辩。　[38]阳：善也；阴：恶也。或说，阳，喜也；阴，怒也。　[39]敩（xiào）：通"效"，尽，致。　[40]三官：三关也。谓食、视、听也。　[41]痤（zuó）：小肿也。　[42]瘕（jiǎ）：腹中积块忽聚忽散。疝（shàn）：即今谓之疝气者，腹腔内脏突出腹腔或进入潜在的腹内间隙而致病。　[43]函牛之鼎：大至足受一牛之鼎也。　[44]瑱（tiàn）：玉充耳也。　[45]此言不能使人智力不若己，但能使人不能以智力加于己。　[46]言鼓本无声，击之而后有声，镜本无形，物来而后有形。　[47]行道之人，指以为期也。　[48]己：指山；言山特自生万物以足百姓，非为百姓故生万物也。此以山喻有道者。　[49]赣（gòng）：通"贡"。　[50]胜：任也。理：事理也。　[51]寄：同"奇"；奇，犹言反常也。　[52]焉：犹则也。《老子》："故贵以身为天下，则可以寄天下。"《道应训》引作"焉可以托天下"是其证。　[53]遽：读作剧。遽于事：谓劳于事也。　[54]言祸福皆己所招。　[55]屈奇：犹瑰异也。　[56]言非所乐也。　[57]言遭时宜而制礼，非故为也。　[58]牟：犹谋也。　[59]投得其齐，谓投箸也。　[60]轴（zhòu）：竞驰也。　[61]毂：组实也。腝（ruǎn）：豆实也。毂为牲体（即全牲）；腝为有骨醢。　[62]畮：同“亩”，言百亩之田，一夫一妇守之也。　[63]言虽弗能，亦无亏于事也。　[64]言虽弗能，亦无害于事也。　[65]言从旁而决之者，非智于相争之二人也，以其未尝加入争也。　[66]行成兽，说者不一。参照《俶真》有“文章成兽”，《泰族》有“动成兽，止成文”之类似语句。“行成兽”即群舞时人的组合如兽群的行动有序而不乱，花样成文彩。　[67]堤：谓瓶瓯之底也。世本注：瓶瓯下安也。　[68]馈：进食也。　[69]悯：忧有所在也。　[70]廋（sōu）：隐也。概：感貌。又介介于怀也。[71]方：道也。乡方：言向于道也。　[72]绸：多也，大也。[73]爵所以饮；争满不满之间也。　[74]言举其著称者也。[75]侵：浸，渐也。　[76]先雚蕈：谓先以雚蕈也。雚，苇族也。　[77]樽：酒器。所尊者玄水。　[78]泰羹：祭祀之羹，不调五味也。　[79]荒芒：上古时也。　[80]言从己身死后以至天地之无穷。　[81]滔：长也。　[82]杂：帀也，从子至亥为一帀。《御览》引此，杂即作帀，而又引注曰：“帀，犹至也，或作卒；卒，尽也。言垂尽之年，不足以忧天下之乱，犹泣不能使水多也。”　[83]浮游：蜉蝣。　[84]言可使神制形，不可使形胜神也。

# 人间篇

清净恬愉，人之性也，仪表规矩，事之制也。知人之性，其自养不勃；知事之制，其举错不惑。发一端，散无竞，总一管，周八极，[总一管]谓之心。见本而知末，观指而睹归，执一而应万，握要而治详，谓之术。居知所为[1]，行知所之，事知所秉，动知所由，谓之道。道者，置之前而不輊[2]，错之后而不轩，内之寻常而不塞，布之天下而不窕。是故使人高贤称誉己者，心之力也；使人卑下诽谤己者，心之罪也。夫言出于口者，不可止于人；行发于迩者，不可禁于远。事者难成而易败也，名者难立而易废也。千里之堤，以蝼蚁之穴漏；百寻之屋，以突隙之[烟]熛焚[3]。《尧戒》曰："战战栗栗，日慎一日。人莫蹪于山，而蹪于[蛭]垤[4]。"是故人皆轻小害，易微事，以多悔。患至而后忧之，是犹病者已惓[5]而索良医也，虽有扁鹊俞跗[6]之巧，犹不能生也。

夫祸之来也，人自生之，福之来也，人自成之。祸与福同门，利与害为邻，非神圣人莫之能分。凡人之举事，莫不先以其知，规虑揣度，而后敢以定谋。其或利或害，此愚智之所以异也。晓[自]然自以为[智]知存亡之枢机、祸福之门户，举而用之，陷溺于难者，不可胜计也。使知所为是者，事必可行，则天下无不达之途矣。是故知虑者，祸福之门户也；动静者，利害之枢机也。百事之变化，国家之治乱，待而后成。是故不溺于难者成，是故不可不慎也。

天下有三危：少德而多宠，一危也；才下而位高，二危也；身无大功而受厚禄，三危也。故物或损之而益，或益之而损。何以知其然也？昔者楚庄王既胜晋于河雍之间[7]，归而封孙叔敖，辞而不受。[病疽将]疒且死[8]，谓其子曰："吾则[9]死，[矣]王必封女。女必让肥饶之地，而受沙石之地，楚越之间，有寝之丘者，其地确[石]而名丑。荆人鬼[10]，越人禨[11]，人莫之利也。"孙叔敖死，王果封其子以肥饶之地，其子辞而不受，请有寝之丘。楚国之[俗]法，功臣二世而[爵]夺禄，惟孙叔敖独存。此所谓损之而益也。何谓益之而损？昔晋厉公南伐楚，东伐齐，西伐秦，北伐燕，兵[横]行天下而无所绻[12]，威服四方而无所诎[13]。遂合诸侯于嘉陵，气充志骄，淫侈无度，暴虐万民。内无辅拂之臣，外无诸侯之助，戮杀大臣，亲近导谀。明年出游匠骊氏，栾书、中行偃[14]劫而幽之。诸侯莫之救，百姓莫之哀，三月而死。夫战胜攻取，地广而名尊，此天下之所愿也；然而终于身死国亡，此所谓益之而损者也。夫孙叔敖之请有寝之丘沙石之地，所以累世不夺也；晋厉公之合诸侯于嘉陵，所以身死于匠骊氏也。

众人皆知利利而病病也，唯圣人知病之为利，知利之为病也。夫再实之木根必伤，掘藏之家必有殃，以言大利而反为害也。张武教智伯夺韩、魏之地而禽于晋阳[15]；申叔时教庄王封陈氏之后而霸天下[16]。孔子读《易》至《损》《益》，未尝不愤然而叹曰："《益》《损》者，其王者之事与！"事或欲[以]利之，适足以害之；或欲害之，乃反以利之；利害之反，祸福之门[户]，不可不察也。

阳虎为乱于鲁[17]，鲁君令人闭城门而捕之，得者有重赏，失者有重罪。围三匝，而阳虎将举剑而伯颐[18]，门者止之曰：[天下探之不穷]"我将出子！"阳虎因赴围而逐，扬剑提戈而走，门者出之。顾反，取其出之者，以戈推之，攘祛薄腋[19]。出之者怨之，曰："我非故与子[反]友也[20]，为之蒙死被罪而乃反伤我。宜矣其有此难也！"鲁君闻阳虎失，大怒；问所出之门，使有司拘之，以为伤者战斗者也，不伤者为纵之；伤者受大赏，而不伤者被重罪。此所谓害之而反利之者也。何谓欲利之而反害之？楚恭王与晋人[21]战于鄢陵，战酣，恭王伤而休[22]。司马子反渴而求饮，竖阳谷奉酒而进之。子反之为人也，嗜酒而甘之，不能绝于口，遂醉而卧。恭王欲复战，使人召司马子反，辞以心[痛]疾。王驾而往视之，入幄中而闻酒臭。恭王大怒，曰："今日之战，不谷亲伤。所恃者司马也，而司马又若此，是亡楚国之社稷而不[率]恤吾众也！不谷无与复战矣。"于是罢师而去之，斩司马子反以为僇。故竖阳谷之进酒也，非欲祸子反也，诚爱而欲快之也，而适足以杀之。此所谓欲利之而反害之者也。

夫病[湿]温而强之[食]餐，病暍[23]而饮之寒，此众人之所以为养也，而良医之所以为病也。悦于目，悦于心，愚者之所利也，然而有道者之所辟也。故圣人先忤而后合，众人先合而后忤。

有功者人臣之所务也，有罪者人臣之所辟也。或有功而见疑，或有罪而益信，何也？则有功者离恩义，有罪者不敢失仁心也。魏将乐羊攻中山，其子执在城中，城中县其子以示乐羊。乐羊曰："君臣之义，不得以子为私。"攻之愈急。中山人因烹其子，而遗之鼎羹与其首。乐羊循[24]而泣之曰："是吾子已。"为使者跪而啜三杯。使者归报，中山人曰："是伏约死节者也，不可忍也。"遂降之。为魏文侯大开地有功；自此以后，日以不信。此所谓有功而见疑者也。何谓有罪而益信？孟孙[25]猎而得麑，使秦西巴持归烹之。麑母随之而啼。秦西巴弗忍，纵而予之。孟孙归求麑安在。秦西巴对曰："其母随而啼，臣诚弗忍，窃纵而予之。"孟孙怒，逐秦西巴。居一年，取以为子傅。左右曰："秦西巴有罪于君，今以为子傅，何也？"孟孙曰："夫一麑而不忍，又何况于人乎？"此谓有罪而益信者也。

故趋舍不可不审也。此公孙鞅之所以抵罪于秦，而不得入魏也[26]。功非不大也，然而累足无所践者，不义之故也。

事或夺之而反与之，或与之而反取之。智伯求地于魏宣子，宣子弗欲与之，任登曰："智伯之强，威行于天下，求地而弗与，是为诸侯先受祸也，不若与之。"宣子曰："求地不已，为之奈何？"任登曰："与之使喜，必将复求地于诸侯，诸侯必植耳[27]，与天下同心而图之。一心所得者，非直吾所亡也。”魏宣子裂地而授之。又求地于韩康子，韩康子不敢不予。诸侯皆恐。又求地于赵襄子，襄子弗与。于是智伯乃从韩魏，围襄子于晋阳。三国通谋，禽智伯而三分其国。此所谓夺人而反为人所夺者也。

何谓与之而反取之？晋献公欲假道于虞以伐虢，遗虞垂棘之璧与屈产之乘。虞公惑于璧与马，而欲与之道。宫之奇谏曰：“不可。夫虞之与虢，若车之有[轮]辅，[轮]辅依于车，车亦依[轮]辅。虞之与虢，相恃而[势]存也。若假之道，虢朝亡而虞夕从之矣。”虞公弗听，遂假之道。荀息[28]伐虢，遂克之，还反伐虞，又拔之。此所谓与之而反取者也。

圣王布德施惠，非求[其]报于百姓也；郊望禘尝[29]，非求福于鬼神也。山致其高而云雨起焉，水致其深而蛟龙生焉，君子致其道而福禄归焉。夫有阴德者必有阳报，有[阴]隐行者必有昭名。古者沟防不修，水为民害，禹凿龙门，辟伊阙，平治水土，使民得陆处。百姓不亲，五品不慎，契教以君臣之义，父子之亲，夫妻之辨，长幼之序。田野不修，民食不足，后稷乃教之辟地垦草，粪土种谷，令百姓家给人足。故三后之后，无不王者，有阴德也。周室衰，礼义废，孔子以三代之道教导于世。其后继嗣至今不绝者，有隐行也。秦王赵政[30]兼吞天下而亡，智伯侵地而灭，商鞅支解，李斯车裂。三代种德而王，齐桓继绝而霸。故树黍者不获稷，树怨者无报德。

昔者宋人有好善者，三世不解[31]，家无故而黑牛生白犊，以问先生。先生曰："此吉祥，以飨鬼神[32]。"居一年，其父无故而盲。牛又复生白犊。其父又复使其子以问先生。其子曰："前听先生言而失明，今又复问之，奈何？"其父曰："圣人之言，先忤而后合。其事未究，固试往复问之。"其子又复问先生。先生曰："此吉祥也，复以飨鬼神。"归致命其父。其父曰："行先生之言也。"居一年，其子又无故而盲。其后楚攻宋，围其城[33]。当此之时，易子而食，析骸而炊，丁壮者死，老病童儿皆上城牢守而不下。楚王大怒，城已破，诸城守者皆屠之。此独以父子盲之故，得无乘城。军罢围解，则父子俱视[34]。

夫祸福之转而相生，其变难见也。近[35]塞上之人有善术者，马无故亡而入胡。人皆吊之，其父曰："此何遽不能为福乎？"居数月，其马将胡骏马而归。人皆贺之，其父曰："此何遽不能为祸乎？"家富良马，其子好骑，堕而折其髀。人皆吊之，其父曰："此何遽不能为福乎？"居一年，胡人大入塞，丁壮者[引]控弦而战。近塞之人，死者十九。此独以跛之故，父子相保。故福之为祸，祸之为福，化不可极，深不可测也。

或直于辞而不[害]周[36]于事者；或亏于耳[以]忤于心而合于实者。高阳魋[37]将为室。问匠人，匠人对曰："未可也。木尚生，加涂其上，必将挠。以生材任重涂，今虽成，后必败。"高阳魋曰："不然。夫木枯则益劲，涂干则益轻，以劲材任轻涂，今虽恶，后必善。"匠人穷于辞，无以对，受令而为室。其始成，竘然[38]善也，而后果败。此所谓直于辞而不[可用]周于事者也。何谓亏于耳，忤于心而合于实？靖郭君[39]将城薛，宾客多止之，弗听。靖郭君谓谒者曰："无为宾通言。"齐人有请见者，曰："臣请道三言而已，过三言，请烹。"靖郭君闻而见之。宾趋而进，再拜而兴，因称曰："海大鱼。"则反走。靖郭君止之曰："愿闻其说。"宾曰："臣不敢以死为熙[40]。"靖郭君曰："先生不远道而至此，为寡人称之。"宾曰："海大鱼，网弗能止也，钓弗能牵也。荡而失水，则蝼蚁皆得志焉。今夫齐，君之渊也。君失齐，则薛能自存乎？"靖郭君曰："善。"乃止，不城薛。此所谓亏于耳，忤于心而得事实者也。夫以无城薛止城薛，其于以行说，乃不若海大鱼。

故物或远之而近，或近之而远。或说听计当而身疏，或言不用，计不行而益亲。何以明之？三国[41]伐齐，围平陆。括子以报于牛子[42]，曰："三国之地不接于我，逾邻国而围平陆，利不足贪也。然则求名于我也。请以齐侯往。"牛子以为善。括子出，无害子入[43]。牛子以括子言告无害子。无害子曰："异乎臣之所闻。"牛子曰："国危不而[不]安，患结不而[不]解。何谓贵智[44]？"无害子曰："臣闻[之有]裂壤土以安社稷者，闻杀身破家以存其国者，不闻出其君以为封疆者。"牛子不听无害子之言而用括子之计，三国之兵罢，而平陆之地存。自此之后，括子日以疏，无害子日以进。故谋患而患解，图国而国存，括子之智得矣。无害子之虑无中于策，谋无益于国，然而心[调]周于君[45]，有义行也。今人待冠而饰首，待履而行地。冠履之于人也，寒不能暖，风不能障，暴不能蔽也。然而冠冠履履者，其所自托者然也。夫咎犯战胜城濮，而雍季无尺寸之功，然而雍季先赏而咎犯后存者，其言有贵者也。故义者，天下之所赏也。百言百当，不如择趋而审行也。

或无功而先举，或有功而后赏。何以明之？昔晋文公将与楚战城濮，问于咎犯曰："为之奈何？"咎犯曰："仁义之事，[君子]不厌忠信，战陈之事，不厌诈伪，君其诈之而已矣。"辞咎犯，问雍季。雍季对曰："焚林而猎，愈多得兽，后必无兽；以诈伪遇人虽[愈]愉利[46]，后将无复，君其正之而已矣。"于是不听雍季之计，而用咎犯之谋。与楚人战，大破之。还归赏有功者，先雍季而后咎犯。左右曰："城濮之战，咎犯之谋也，君行赏，先雍季，何也？"文公曰："咎犯之言，一时之权也；雍季之言，万世之利也，吾岂可以[先]一时之权，而[后]先万世之利也哉！"智伯率韩魏二国伐赵，围晋阳，决晋水而灌之，城[下]中缘木而处，县釜而炊。襄子谓张孟谈曰："城中力已尽，粮食匮[乏]，武[47]大夫病，为之奈何？"张孟谈曰："亡不能存，危不能安，无为贵智；[士]臣请试潜行见韩、魏之君而约之。"乃见韩、魏之君，说之曰："臣闻之，唇亡而齿寒。今智伯率二君而伐赵，赵将亡矣，赵亡则二君为之次矣。及今而不图之，祸将及二君。"二君曰："智伯之为人也，粗中而少亲，我谋而泄，事必败，为之奈何？”张孟谈曰：“言出二君之口，入臣之耳，人孰知之者乎？且同情相成，同利相死，君其图之！”二君乃与张孟谈阴谋，与之期。张孟谈乃报襄子。至[其]期日之夜，赵氏杀其守堤之吏，决水灌智伯军。智伯军救水而乱，韩、魏翼而击之，襄子将卒犯其前，大败智伯军，杀其身而三分其国。襄子乃赏有功者，而高赫为赏首。群臣请曰：“晋阳之存，张孟谈之功也，而赫为赏首，何也？”襄子曰：“晋阳之围也，寡人国家危，社稷殆。群臣无不有骄侮之心者，唯赫不失君臣之礼，吾是以先之。”由此观之，义者，人之大本也，虽有战胜存亡之功，不如行义之隆。故君[48]子曰：“美言可以市尊，美行可以加人。”

或有罪而可赏也，或有功而可罪也。何以明之？西门豹治邺[49]，廪无积粟，府无储钱，库无甲兵，官无计会。人数言其过于文侯。文侯身行其县，果若人言。文侯曰：“翟璜任子治邺而大乱，子能变道[50]则可，不能将加诛于子。”西门豹曰：“臣闻王主富民，霸主富武，亡国富库。今王欲为霸王者也，臣故稸积于民。君以为不然，臣请升城鼓之，甲兵粟米可立具也。”于是乃升城而鼓之。一鼓，民被甲括矢，操兵弩而出；再鼓，[负]服辇载粟而至[51]。文侯曰：“罢之。”西门豹曰：“与民约信，非一日之积也。一举而欺之，后不可复用也。燕常侵魏八城，臣请北击之，以复侵地。”遂举兵击燕，复地而后反。此有罪而可赏者也。解扁为东封[52]，上计而入三倍，有司请赏之。文侯曰："吾土地非益广也，人民非益众也，入何以三倍？"对曰："以冬伐木而积之，于春浮之河而鬻之。"文侯曰："民春以力耕，[暑]夏以强耘，秋以收敛，冬间无事，[以]又伐林而积之，负轭而浮之河。是用民不得休息也，民以敝矣。虽有三倍之入，将焉用之！"此有功而可罪者也。

贤主不苟得，忠臣不苟利。何以明之？中行穆伯攻鼓，弗能下[53]。馈闻伦曰："鼓之啬夫，闻伦知之[54]，请无罢武大夫而鼓可得也。"穆伯弗应。左右曰："不折一戟，不伤一卒，而鼓可得也，君奚为弗使？"穆伯曰："闻伦为人佞而不仁。若使闻伦下之，吾可以勿赏乎？若赏之，是赏佞人。佞人得志，是使晋国之武，舍仁而后佞[55]。虽得鼓，将何所用之？"攻城者欲以广地也，得地不取者，见其本而知其末也。秦穆公使孟盟举兵袭郑，过周以东。郑之贾人弦高、蹇他相与谋曰："师行数千里，数绝诸侯之地，其势必袭郑。凡袭国者，以为无备也。今示以知其情，必不敢进。"乃矫郑伯之命，以十二牛劳之。三率[56]相与谋曰："凡袭人者，以为弗知。今已知之矣，守备必固，进必无功。"乃还师而反，晋先轸举兵击之，大破之殽。郑伯乃以存国之功赏弦高。弦高辞之曰："诞而得赏，则郑国之信废矣。为国而无信，是俗败也。赏一人而败国俗，仁者弗为也；以不信得厚赏，义者弗为也。"遂以其属徙东夷，终身不反。

故仁者不欲伤生，知者不以利害义。圣人之思修，愚人之思叕[57]。忠臣者务崇君之德，谄臣者务广君之地。何以明之？陈夏徵舒弑其君，楚庄王伐之，陈人听令。庄王以讨有罪，遣卒戍陈，大夫毕贺。申叔时使于齐，[反]及还而不贺。庄王曰："陈为无道，寡人起九军以讨之，征暴乱，诛罪人。君臣皆贺，而子独不贺，何也？"申叔时曰："牵牛蹊人之田，田主杀其人而夺之牛，罪则有之，罚亦重矣。今君王以陈为无道，兴兵而攻，因以诛罪人，遣人戍陈。诸侯闻之，以王为非诛罪人也，贪陈国也。盖闻君子不弃义以取利。"王曰："善。"乃罢陈之戍，立陈之后。诸侯闻之，皆朝于楚。此务崇君之德者也。张武为智伯谋曰："晋六将军，中行文子最弱，而上下离心，可伐以广地。"于是伐范中行。灭之矣，又教智伯求地于韩、魏、赵，韩、魏裂地而授之，赵氏不与。乃率韩魏而伐赵，围晋阳，三年。三国阴谋同计，以击智氏，遂灭之。此务为君广地者也。夫为君崇德者霸，为君广地者灭。故千乘之国行文德者王，汤、武是也；万乘之国好广地者亡，智伯是也。非其事者勿仞也，非其名者勿就也，[无故有显名者勿处也]无功而富贵者勿居也。夫就人之名者废，仞人之事者败，无功而大利者，后将为害。譬犹缘高木而望四方也，虽愉乐哉，然而疾风至，未尝不恐也。患及身，然后忧之，六骥追之，弗能及也。是故忠臣之事君也，计功而受赏，不为苟得；[积]量力而受官，不贪爵禄。其所能者，受之勿辞也；其所不能者，与之勿喜也。辞所能则匿，欲所不能则惑。辞所不能而受所能，则得无损堕之势，而无不胜之任矣。昔者智伯骄，伐范中行而克之，又劫韩、魏之君，而割其地，尚以为未足，遂兴兵伐赵。韩、魏反之，军败晋阳之下，身死高梁之东，头为饮器，国分为三，为天下笑。此不知足之祸也。《老子》曰："知足不辱，知止不殆，可以修久。"此之谓也。

或誉人而适足以败之，或毁人而乃反以成之。何以知其然也？费无忌复于荆平王曰："晋之所以霸者，近诸夏也，而荆之所以不能与之争者，以其僻远也。楚王若欲从诸侯，不若大城城父，而令太子建守焉，以来北方，王自收其南，是得天下也。"楚王悦之，因命太子建守城父，命伍[子]奢傅之。居一年，伍[子]奢游人[58]于王侧，言太子甚仁且勇，能得民心。王以告费无忌。无忌曰："臣固闻之。太子内抚百姓，外约诸侯，齐、晋又辅之，将以害楚，其事已构矣。"王曰："为我太子，又尚何求？"曰："以秦女之事怨王。"王因杀太子建而诛伍[子]奢，此所谓见誉而为祸者也。何谓毁人而反利之？唐子短陈骈子于齐威王，威王欲杀之。陈骈子与其属出亡奔薛。孟尝君闻之，使人以车迎之。至而养以刍豢黍粱，五味之膳，日三至。冬日被裘罽[59]，夏日服絺纻[60]，出则乘牢车，驾良马。孟尝君问之曰："夫子生于齐，长于齐，夫子亦何思于齐？"对曰："臣思夫唐子者。"孟尝君曰："唐子者，非短子者邪？"曰："是也。"孟尝君曰："子何为思之？"对曰："臣之处于齐也，粝粢[61]之饭，藜藿之羹，冬日则寒冻，夏日则暑伤。自唐子之短臣也，以身归君，食刍豢，饭黍粱，服轻暖，乘牢良。臣故思之。”此谓毁人而反利之者也。是故毁誉之言，不可不审也。

或贪生而反死，或轻死而得生，或徐行而反疾。何以知其然也？鲁人有为父报仇于齐者，刳[62]其腹而见其心。坐而正冠，起而更衣，徐行而出门，上车而步马，颜色不变。其御欲驱，抚而止之曰：“今日为父报仇以出死，非为生也，今事已成矣，又何去之。”追者曰：“此有节行之人，不可杀也。”解围而去之。使被衣不暇带，冠不及正，蒲伏而走，上车而驰，必不能自免于千步之中矣。今坐而正冠，起而更衣，徐行而出门，上车而步马，颜色不变，此众人所以为死也，而乃反以得活。此所谓徐而驰，迟于步也。夫走者，人之所以为疾也；步者，人之所以为迟也。今[反]乃反以人之所为迟者[反]为疾，明于分也。有知徐之为疾、迟之为速者，则几于道矣。故黄帝亡其玄珠，使离朱[捷]攫剟索之[63]，而弗能得之也；于是使忽怳[64]，而后能得之[65]。

圣人敬小慎微，动不失时，百射重戒[66]，祸乃不滋。计福勿及，虑祸过之。同日被霜，蔽者不伤。愚者有备，与知者同功。夫爝火在缥烟之中也，一指所能息也；塘漏若鼷穴，一墣[67]之所能塞也。及至火之燔孟诸而炎云台，水决九江而渐荆州，虽起三军之众，弗能救也。夫积爱成福，积怨成祸，若痈疽之必溃也，所浼者多矣。诸御鞅复于简公[68]

曰：“陈成常、宰予二子者，甚相憎也。臣恐其构难而危国也，君不如去一人。”简公不听。居无几何，陈成常果攻宰予于庭中，而弑简公于朝。此不知敬小之所生也。鲁季氏与郈氏斗鸡。郈氏介其鸡，而季氏为之金距[69]。季氏之鸡不胜。季平子怒，因侵郈氏之宫，而筑之。郈昭伯怒，伤之[70]。鲁昭公曰：“祷于襄公之庙，舞者二人而已，其余尽舞于季氏[71]。季氏之无道无上久矣！弗诛，必危社稷！”公以告子家驹。子家驹曰：“季氏之得众，三家为一[72]。其德厚，其威强，君胡得之！”昭公弗听，使郈昭伯将卒以攻之。仲孙氏叔孙氏相与谋曰：“无季氏，死亡无日矣。”遂兴兵以救之。郈昭伯不胜而死，鲁昭公出奔齐。故祸之所从生者，始于鸡[定]足；及其大也，至于亡社稷。故蔡女荡舟，齐师大侵楚[73]。两人构怨，廷杀宰予，简公遇杀，身死无后，陈氏代之，齐乃无吕[74]；两家斗鸡，季氏金距，郈公作难，鲁昭公出走。故师之所处，生以棘楚[75]。祸生而不蚤灭，若火之得燥，水之得湿，浸而益大。痈疽发于指，其痛遍于体。故蠹[啄]喙[剖]仆梁柱，蚊虻走牛羊，此之谓也。

人皆务于救患之备，而莫能知使患无生。夫使患无生，易于救患，而莫能加务焉，则未可与言术也。晋公子重耳过曹，曹君欲见其骿胁，使之袒而捕鱼。厘负羁止之曰：“公子非常也，从者三人，皆霸王之佐也[76]。遇之无礼，必为国忧。”君弗听。重耳反国，起师而伐曹，遂灭之。身死人手，社稷为墟。祸生于袒而捕鱼。齐楚欲救曹，不能存也，听厘负羁之言，则无亡患矣。今不务使患无生，患生而救之，虽有圣知，弗能为谋耳。患祸之所由来者，万端无方，是故圣人深居以避辱，静安以待时。小人不知祸福之门户，妄动而絓罗网，虽曲为之备，何足以全其身！譬犹失火而凿池，被裘而用箑也。且唐有万穴，塞其一，鱼何遽无由出；室有百户，闭其一，盗何遽无从入。夫墙之坏也，于隙，剑之折，必有啮。圣人见之[密]蚤，故万物莫能伤也。太宰子朱侍饭于令尹子国，令尹子国啜羹而热，[投]援卮浆而沃之。明日，太宰子朱辞官而归。其仆曰："楚太宰未易得也，辞官去之，何也？"子朱曰："令尹轻行而简礼，其辱人不难。"明年，伏郎尹而笞之三百。夫上仕者，先避患而后就利，先远辱而后求名，太宰子朱之见终始微矣。夫鸿鹄之未孚于卵也，一指篾之，则靡而无形矣。及至其筋骨之已就，而羽翮之既成也。则奋翼挥䎘[77]，凌乎浮云，背负青天，膺摩赤霄[78]，翱翔乎忽荒之上，析惕乎虹霓之间。虽有劲弩利矰微缴，蒲且子之巧，亦弗能加也。江水之始出于岷山也，可攓衣而越也，及至乎下洞庭、骛石城、经丹徒，起波涛，舟杭[79]一日不能济也。是故圣人者常从事于无形之外，而不留思尽虑于成事之内，是故患祸弗能伤也。

人或问孔子曰："颜回何如人也？"曰："仁人也，丘弗如也。""子贡何如人也？"曰："辩人也，丘弗如也。""子路何如人也？"曰："勇人也，丘弗如也。"宾曰："三人皆贤夫子而为夫子役，何也？"夫子曰："丘能仁且忍，辩且讷，勇且怯。以三子之能，易丘一道，丘弗为也。”孔子知所施之也。

秦牛缺[80]径于山中，而遇盗。夺之车马，解其橐笥，[拖]拕[81]其衣被。盗还反顾之，无惧色忧志，欢然有以自得也。盗遂问之曰：“吾夺子财货，劫子以刀，而志不动，何也？”秦牛缺曰：“车马所以载身也，衣服所以掩形也，圣人不以所养害其养。”盗相视而笑曰：“夫不以欲伤生，不以利累形者，世之圣人也。以此而见王者，必且以我为事也。”还反杀之。此能以知知矣，而未能以知不知也；能勇于敢，而未能勇于不敢也。凡有道者，应卒而不乏，遭难而能免，故天下贵之。今知所以自行也，而未知所以为人行也，其所论未之究者也。人能由昭昭于冥冥，则几于道矣。《诗》曰：“人亦有言，无哲不愚。”此之谓也。

事或为之，适足以败之；或备之，适足以致之。何以知其然也？秦皇挟录图[82]，见其传[83]曰：“亡秦者，胡也。”因发卒五十万，使蒙公、杨翁子将筑修城[84]。西属流沙，北[击]擊[85]辽水，东结朝鲜。中国内郡輓车而饷之。又利越之犀角、象齿、翡翠、珠玑，乃使尉屠睢发卒五十万，为五军：一军塞镡城之岭，一军守九疑之塞，一军处番禺之都，一军守南野之界，一军结余干之水。三年不解甲驰弩。使监禄[无以]转饷。又以卒凿渠而通粮道，以与越人战，杀西呕君译吁宋[86]。而越人皆入丛薄中，与禽兽处，莫肯为秦虏。相置桀骏以为将，而夜攻秦人，大破之。杀尉屠睢，伏尸流血数十万。乃发适戍以备之。当此之时，男子不得修农亩，妇人不得剡麻考缕[87]；羸弱服格于道，大夫箕会[88]于衢；病者不得养，死者不得葬。于是陈胜起于大泽，奋臂大呼，天下席卷而至于戏[89]。刘、项兴义兵，随而定，若折槁振落。遂失天下。祸在备胡而利越也。欲知筑修城以备亡，不知筑修城之所以亡也；发适戍以备越，而不知难之从中发也。夫鹊先识岁之多风也，去高木而巢扶枝[90]。大人过之则探鷇[91]，婴儿过之则挑其卵。知备远难而忘近患。故秦之设备也，鸟鹊之智也。

或争利而反强之，或听从而反止之。何以知其然也？鲁哀公欲西益宅，史争之，以为西益宅不祥。哀公作色而怒，左右数谏不听。乃以问其傅宰折睢，曰："吾欲益宅而史以为不祥，子以为何如？"宰折睢曰："天下有三不祥，西益宅不与焉。"哀公大悦而喜。顷，复问曰："何谓三不祥？"对曰："不行礼义，一不祥也；嗜欲无止，二不祥也；不听强谏，三不祥也。"哀公默然深念，愤然自反，遂不西益宅。夫史以争为可以止之，而不知不争而反取之也。智者离路而得道，愚者守道而失路。夫倪说[92]之巧于闭结无不解，非能闭结而尽解之也，不解不可解也。至乎以弗解解之者，可与及言论矣。

或明礼义推道体而不行，或解构妄言而反当。何以明之？孔子行[游]于东野马失[93]，食农夫之稼，野人怒，取马而系之。子贡往说之，[卑]毕辞而不能得也。孔子曰："夫以人之所不能听说人，譬以大牢享野兽，以《九韶》乐飞鸟也。予之罪也，非彼人之过也。”乃使马圉往说之。至见野人曰：“子耕于东海，至于西海，吾马之失，安得不食子之苗？”野人大喜，解马而与之。说若此其无方也，而反行，事有所至而巧不若拙，故圣人量凿而正枘。夫歌《采菱》，发《阳阿》，鄙人听之，不若[此]《延露》以和[94]。[路阳局]非歌者拙也，听者异也。故交画不畅，连环不解，物之不通者，圣人不争也。

仁者，百姓之所慕也；义者，众庶之所高也。为人之所慕，行人之所高，此严父之所以教子，而忠臣之所以事君也。然世或用之，而身死国亡者，不[同]周于时也。昔徐偃王好行仁义，陆地之朝者三十二国。王孙厉谓楚庄王曰：“王不伐徐，必反朝徐。”王曰：“偃王，有道之君也，好行仁义，不可伐。”王孙厉曰：“臣闻之，大之与小、强之与弱也，犹石之投卵，虎之啖豚，又何疑焉？且夫为文而不能达其德，为武而不能任其力，乱莫大焉。”楚王曰：“善。”乃举兵而伐徐，遂灭之。此知仁义而不知世变者也。申菽、杜茝[95]，美人之所怀服也，及渐之于滫[96]，则不能保其芳矣。古者五帝贵德，三王用义，五霸任力。今取帝王之道而施之五霸之世，是由乘骥逐人于榛薄，而蓑笠盘旋也。今霜降而树谷，冰泮而求获，欲其食则难矣。故《易》曰“潜龙勿用”者，言时之不可以行也。故“君子终日乾乾，夕惕若厉，无咎。”终日乾乾，以阳动也；夕惕若厉，以阴息也。因日以动，因夜以息，唯有道者能行之。夫徐偃王为义而灭，燕子哙行仁而亡，哀公好儒而削，代君为墨而残。灭亡削残，暴乱之所致也，而四君独以仁义、儒墨而亡者，遭时之务异也。非仁义儒墨不可行，非其世而用之，则为之禽矣。夫戟者所以攻城也，镜者所以照形也。宫人得戟则以刈葵，盲者得镜则以盖卮，不知所施之也。故善鄙[不]同，诽誉在俗；趋舍[不]同，逆顺在君。狂谲不受禄而诛，段干木辞相而显，所行同也，而利害异者，时使然也。故圣人虽有其志，不遇其世，仅足以容身，何功名之可致也！知天之所为，知人之所行，则有以[任]径[97]于世矣。知天而不知人，则无以与俗交；知人而不知天，则无以与道游。

单豹倍世离俗，岩居谷饮，不衣丝[麻]帛，不食五谷，行年七十，犹有童子之[颜]色。卒而遇饥虎，杀而食之。张毅[98]好恭，过宫室廊庙必趋，见门闾聚众必下，厮徒马圉，皆与伉礼；然不终其寿，内热而死。豹养其内而虎食其外，毅修其外而疾攻其内。故直意适情，则坚强贼之；以身役物，则阴阳食之。此皆载务而戏乎其调者也。

得道之士，外化而内不化，外化所以入人也，内不化所以全其身也。故内有一定之操，而外能诎伸嬴缩卷舒，与物推移，故万举而不陷。所以贵圣人者，以其能龙变也。今捲捲然守一节，推一行，虽以毁碎灭沉，犹且弗易者，此察于小好而塞于大道也。

赵宣孟活饥人于委桑之下，而天下称仁焉。荆佽非犯[河]江中之难，不失其守，而天下称勇焉[99]。是故见小行则可以论大体矣。田子方见老马于道，喟然有志焉，以问其御曰："此何马也？"其御曰："此故公家畜也，老罢而不为用，出而鬻之。"田子方曰："少而贪其力，老而弃其身，仁者弗为也。"束帛以赎之。罢武闻之，知所归心矣。齐庄公出猎，有一虫举足将搏其轮，问其御曰："此何虫也？"对曰："此所谓螳螂者也。其为虫也，知进而不知却，不量力而轻敌。"庄公曰："此为人而必为天下勇武矣！"回车而避之。勇武闻之，知所尽死矣。故田子方隐一老马，而魏国载之；齐庄公避一螳螂，而勇武归之；汤教祝网者，而四十国朝[100]；文王葬死人之骸，而九夷归之[101]；武王荫暍人于樾下[102]，左拥而右扇之，而天下怀其德；越王勾践一决狱不辜，援龙渊而切其股，血流至足，以自罚也，而战武[士必其]毕死。故圣人行之于小，则可以覆大矣；审之于近，则可以怀远矣。孙叔敖决期思之水，而灌雩娄[103]之野，庄王知其可以为令尹也；子发辩击剧而劳佚齐[104]，楚国知其可以为兵主也。此皆形于小微而通于大理者也。

圣人之举事，不加忧焉，察其所以而已矣。今万人调钟，不能比之律，诚得知者，一人而足矣。说者之论，亦犹此也，诚得其数，则无所用多矣。夫车之所以能转千里者，以其要在三寸之辖。夫劝人而弗能使也，禁人而弗能止也，其所由者非理也。昔者卫君朝于吴，吴王囚之，欲流之于海，说者冠盖相望，而弗能止。鲁君[105]闻之，撤钟鼓之县，缟素而朝。仲尼入见曰："君胡为有忧色？"鲁君曰："诸侯无亲，以诸侯为亲；大夫无党，以大夫为党。今卫君朝于吴王，吴王囚之而欲流之于海，孰[106][意]卫君之仁义而遭此难也！吾欲免之而不能，为奈何？"仲尼曰："若欲免之，则请子贡行。"鲁君召子贡，授之将军之印。子贡辞曰："贵无益于解患，在所由之道。"敛躬而行，至于吴，见太宰嚭，太宰嚭甚悦之，欲荐之于王。子贡曰："子不能行说于王，奈何吾因[107]子也。"太宰嚭曰："子焉知嚭之不能也？"子贡曰："卫君之来也，卫国之半曰：'不若朝于晋。'其半曰：'不若朝于吴。'然卫君以为吴可以归骸骨也，故束身以受命。今子受卫君而囚之，又欲流之于海，是赏言朝于晋者，而罚言朝于吴也。且卫君之来也，诸侯皆以为蓍龟兆[108]，今朝于吴而不利，则皆移心于晋矣。子之欲成霸王之业，不亦难乎？"太宰嚭入，复之于王。王报[109]出令于百官曰："比十日而卫君之礼不具者，死。"子贡可谓知所以说矣。

鲁哀公为室而大，公宣子谏曰："室大，众与人处则哗，少与人处则悲。愿公之适。"公曰："寡人闻命矣。"筑室不辍。公宣子复见曰："国小而室大，百姓闻之，必怨吾君；诸侯闻之，必轻吾国。"鲁君曰："闻命矣。"筑室不辍。公宣子复见曰："左昭而右穆，为大室以临二先君之庙，得无害于子乎？"公乃令罢役，除版而去之。鲁君之欲为室诚矣，公宣子止之必矣，然三说而一听者，其二者非其道也。夫临河而钓，日入而不能得一鯈鱼者，非江河鱼不食也，所以饵之者非其欲也。及至良工执竿投而擐唇吻者，能以其所欲而钓者也。

夫物无不可奈何，有人无奈何[110]。铅之与丹，异类殊色，而可以为丹者，得其数也。故繁称文辞，无益于说，审其所由而已矣。

物类之相摩近而异门户者，众而难识也。故或类之而非，或不类之而是；或若然而不然者，或不[若]然而然者。谚曰："鸢堕腐鼠，而虞氏以亡。"何谓也？曰：虞氏，梁之大富人也。家充盈殷富，金钱无量，财货无赀。升高楼，临大路，设乐陈酒，[积]击博其上。游侠相随而行楼下，博上者射朋张，中反两[111]而笑，飞鸢适堕其腐鼠而中游侠。游侠相与言曰："虞氏富乐之日久矣，而常有轻易人之志。吾不敢侵犯，而乃辱我以腐鼠。如此不报，无以立[务]矜[112]于天下。请与公僇力一志，悉率徒属，而必以灭其家。"其夜乃攻虞氏，大灭其家。此所谓类之而非者也。

何谓非类而是？屈建告石乞曰："白公胜将为乱。"石乞曰："不然。白公胜卑身下士，不敢骄贤，其家无管籥之信，关楗之固，大斗斛以出，轻斤两以内。而乃论之，以不宜也。"屈建曰："此乃所以反也。"居三年，白公胜果为乱，杀令尹子椒、司马子期。此所谓弗类而是者也。

何谓若然而不然？子发为上蔡令，民有罪当刑，狱断论定，决于令[尹]前，子发喟然有凄怆之心。罪人已刑，而不忘其恩。此其后子发盘罪[113]威王而出奔，刑者遂袭恩者，[114]恩者逃之于城下之庐。追者至，踹足而怒，曰：“子发[视]亲决吾罪，而被吾刑，怨之憯于骨髓。使我得其肉而食之，其知厌乎！”追者以为然而不索其内，果活子发。此所谓若然而不然者。

何谓不然而[若]然者？昔越王勾践卑下吴王夫差，请身为臣，妻为妾，奉四时之祭祀，而入春秋之贡职。委社稷，效民力，[隐]居为隐蔽而战为锋行。礼甚卑，辞甚服，其离叛之心远矣。然而甲卒三千人，以禽夫差于姑胥。此四策者，不可不审也。夫事之所以难知者，以其窜端匿迹。立私于公，倚邪于正，而以胜惑人之心者也。若使人之所怀于内者，与所见于外者，若合符节，则天下无亡国败家矣。夫狐之[捕]搏雉也，必先卑体[弥耳]弭毛，以待其来也。雉见而信之，故可得而禽也。使狐瞋目植睹[115]，见必杀之势，雉亦知惊惮远飞，以避其怒矣。夫人伪之相欺也，非直禽兽之诈计也，物类相似若然而不可从外论者，众而难识矣。是故不可不察也。

---

[1]知：读为智。下三知字同。为：与“谓”同义。　[2]辇：同“轾”，车前低后高。　[3]突：灶突也。熛：火飞也。　[4]蹪（tuí）：踬仆也。垤（dié）：形成小土堆的蚁窝。　[5]惓：剧也。[6]扁鹊：战国郑人，姓秦，名越人，名医也。俞樾：《群书治

要》引作“俞夫”，黄帝时医。《史记·扁鹊列传》：“医有俞跗。”应劭注曰：俞跗，黄帝时医。《周礼》有“榆柎”，《韩诗外传》有“踰跗”，扬雄《解嘲》有“臾跗”，并即俞跗也。[7]庄王败晋荀林父之师于邲。邲，河雍地也。　[8]疒：病也。古疾病字止作疒（即今疾字）。疒且死：即病且死也。　[9]则：犹若也。　[10]鬼：好事鬼也。　[11]禨（jī）：祭鬼神以求福。　[12]绻：屈也。　[13]诎：屈也。　[14]皆晋大夫。[15]张武：智伯臣也。擒于晋阳：为赵襄子所杀。　[16]申叔时：楚大夫，庄王已灭陈，从申叔时之言，乃复之；庄王因以称霸于天下也。　[17]阳虎：季氏之臣也，专鲁国之政。[18]伯：迫也。迫颐：言举剑将自刎也。　[19]言刺破衣袂，刃且及于腋也。　[20]言素与阳虎无交。　[21]晋厉公也。[22]晋人射恭王中目。　[23]暍（yē）：伤暑也。　[24]循："揗"之假字。揗（xún）：抚摩也。　[25]孟孙：鲁大夫。[26]公孙鞅：商君也。为秦伐魏，欺魏公子卬而杀之；后有罪走魏，魏人不纳也。　[27]植耳：竦耳而听也。　[28]荀息：晋大夫。　[29]郊：祭天。望：祭日月星辰山川。禘（dì）尝：祭宗庙。　[30]秦始皇名政，生于赵，故曰赵政。　[31]解：同“懈”。　[32]言白犊纯色，可以为牺牲也。　[33]楚庄王时，围宋八月。　[34]俱视：复明也。　[35]近：谓近时也。[36]周：合也。不周于事：言不合于事也。　[37]高阳魋：或曰宋大夫。魋（tuí）：神兽，又高大魁武貌。　[38]竘（qǔ）然：高壮貌。　[39]靖郭君：齐威王之子也，封于薛。　[40]熙：戏也。　[41]三国：韩、魏、赵也。　[42]括子，牛子：皆齐臣。[43]无害子：亦齐臣。[44]两“而”字皆作“能”字解。言国危而不能安之，患结而不能解之，则何为贵智乎？[45]周：合也。[46]愉：古“偷”字。谓虽偷取利而后不可复也。[47]武：士也。《淮南》一书，通称士为武。[48]此下所引二语，见《老子》章六十二。此处“君”字疑为“老”字之讹。[49]西门豹：魏文侯臣。[50]变道：谓变其道而行之也。[51]服：驾牛也。辇：人挽车也。服辇载粟而至：谓或驾牛，或挽车，载粟而至也。[52]解扁：魏臣，治东封者。[53]中行穆伯：晋大夫；鼓：北翟也。[54]馈闻伦：晋人。啬夫：鼓之地方吏也。言闻伦识此人，故可不战而下也。[55]武：士也。后倿：犹言从倿人之后也。[56]三率：三帅也。即白乙，孟盟（孟明），西乞。[57]修：长也。叕（zhuó）：短也。[58]言遣人游说于王之侧也。[59]罽（jì）：氍毹之属，织毛为之者。[60]絺（chī）：细葛也。[61]粝粢：稻饼也。粝，米不精也；粢，六谷之总称。[62]刳（kū）：从中剖开再挖空。[63]离朱，明目，攫剟（duō，同“掇”），敏捷善拾；二人相传皆黄帝时人。[64]旧注，忽怳亦黄帝臣，善忘之人。[65]《庄子》所载，为此文所本。庄生特为寓言耳，未必攫剟忽怳等固有其人也。[66]百射：百回射之也；每射戒慎，是重戒也；喻每事不怠懈也。[67]墣（pú）：土块也。[68]简公：齐简公也。[69]郈：音hòu。介其鸡：言以芥菜子涂其鸡翅也。一说介者，作小铠着鸡头也。金距：施金芒于距也。[70]伤之：犹毁谮之也。[71]鲁祷于襄公之庙，用六佾之舞，今仅二人，知余者皆为季氏盗用矣。或曰：二人当作二八。古者八佾之舞以八人成列，一列八人，故列亦称八，二八者，二列也。季氏大夫，当用四佾，襄庙用六佾，今季氏僭用八佾，故于襄庙六佾之中取其四佾，并自有之四佾而成八佾；襄庙仅存二佾，即二列，故曰二八也。 [72]三家：谓孟氏、叔孙、季氏也。 [73]齐桓公与蔡姬乘舟，姬荡舟，公惧，令止之，姬弗听，公怒，归之蔡，未之绝之。蔡人嫁之，公伐楚至召陵而胜之。 [74]齐乃太公吕尚之后。无吕：谓无吕氏也。[75]楚：大荆也。 [76]三人：谓狐偃、赵衰、胥臣。 [77]翭（huì）：六翮之末也。本作“翭”。 [78]赤霄：飞云也。[79]杭：同“航”。 [80]牛缺：隐士。 [81]拕（tuō）：夺也。 [82]录：同“箓”；录图：犹言讖图也。 [83]传者，图中之注释。 [84]修城：即长城。刘安避父讳，故凡长字均改为修字。 [85]鬐（qì）：画也。 [86]西呕：越地。[87]剡（yǎn）：锐利也。考：成也。 [88]箕会：官吏拿着畚箕在十字路口收敛税赋。 [89]戏：地名，在新丰。 [90]扶枝：旁枝也。 [91]鷇（kòu）：此处指雏鸟。 [92]倪说：宋大夫。 [93]失：佚也。 [94]《延露》：鄙歌曲也。[95]皆香草也。 [96]滫（xiǔ）：臭汁也。 [97]径：行也。[98]单豹、张毅事见《庄子·达生》篇。 [99]荆佽非事，已见《道应》篇。 [100]昔汤出田，见四面张网者，汤教去其三面，祝曰：“欲上者上，欲下者下，无入吾网。” [101]文王治灵台，得死人之骨，葬以五大夫之礼。 [102]暍（yē）：暑热之意，暍人即中暑之人。哀暍人之热，故荫之于樾下。樾下：众树之虚也。一说，楚人谓树上大本小如车盖状者为樾。字亦作

“越”。　[103]雩娄：楚邑。　[104]辩：次第也。言次第击剧之赏，罢劳如有等也。　[105]鲁君：鲁哀公也。

[106]孰：何也。　[107]谓依以进身也。　[108]卜朝吴之吉凶也。　[109]报：犹诺也。　[110]言物皆可术而治也，事有人材所不及无奈之何也。　[111]射朋张上棋，中之，以一反两也。　[112]矜：势也。　[113]盘罪二字，甚为无义；盘字疑本作“服”（服古字与般字形近而误，般复误为盘也），服者“负”之假字。服罪威王而出奔，言负罪威王而出奔也。

[114]刑者：谓子发也。恩者：谓昔受刑而感恩之人也。袭：出其不意而来。　[115]植睹：一说竖尾也。一说“睹”字当作“者”，“者”即“鬐”也，背上鬣也。植者者，言狐怒而背上毛直竖耳。

# 要略篇[1]

夫作为书论者，所以纪纲道德，经纬人事。上考之天，下揆之地，中通诸理。虽未能抽引玄妙之中才[2]，繁然足以观终始矣。总要举凡，而语不剖判纯朴，靡散大宗[3]，惧[为]人之惛惛然弗能知也。故多为之辞，博为之说，又恐人之离本就末也。故言道而不言事，则无以与世浮沉；言事而不言道，则无以与化游息。故著二十篇：有《原道》，有《俶真》，有《天文》，有《地形》，有《时则》，有《览冥》，有《精神》，有《本经》，有《主术》，有《缪称》，有《齐俗》，有《道应》，有《氾论》，有《诠言》，有《兵略》，有《说山》，有《说林》，有《人间》，有《修务》，有《泰族》也。

《原道》者，卢牟[4]六合，混沌万物，象太一之容，测窈冥之深，以翔虚无之轸[5]；托小以苞大，守约以治广，使人知先后之祸福，动静之利害。诚通其志，浩然可以大观矣。欲一言而寤，则尊天而保真；欲再言而通，则贱物而贵身；欲参言而究，则外物而反情。执其大指，以内洽五藏，瀸[濇]渍[6]肌肤，被服法则，而与之终身，所以应待万方，览耦[7]百变也。若转丸掌中，足以自乐也。

《俶真》者，穷逐终始之化，嬴垺[8]有无之精，离别万物之变，合同死生之形。使人遗物反己，审仁义之间，通同异之理，观至德之统，知变化之纪，说符玄妙之中，通[迴]週[9]造化之母也。

《天文》者，所以和阴阳之气，理日月之光，节开塞之时，列星辰之行，知逆顺之变，避忌讳之殃，顺时运之应，法五神之常。使人有以仰天承顺，而不乱其常者也。

《地形》者，所以穷南北之修，极东西之广，经山陵之形，区川谷之居，明万物之主，知生类之众，列山渊之数，规远近之路。使人通[迴]週周备，不可动以物，不可惊以怪者也。

《时则》者，所以上因天时，下尽地力，据度行当，合诸人则，形十二节，以为法式。终而复始，转于无极，因循仿依，以知祸福。操舍开塞，各有龙忌[10]，发号施令，以时教[期]碁[11]。使君人者知所以从事。

《览冥》者，所以言至精之通九天也，至微之沦无形也，纯粹之入至清也，昭昭之通冥冥也。乃始揽物引类，览取挢[12]掇，浸想宵类[13]。物之可以喻意象形者，乃以穿通窘滞，决渎壅塞，引人之意，系之无极，乃以明物类之感，同气之应，阴阳之合，形埒之朕，所以令人远观博见者也。

《精神》者，所以原本人之所由生，而晓寤其形骸九窍，取象与天合同，其血气，与[14]雷霆风雨比类，其喜怒，与昼宵寒暑[并明]。审死生之分，别同异之迹，节动静之机，以反其性命之宗。所以使人爱养其精神，抚静其魂魄，不以物易己，而坚守虚无之宅者也。

《本经》者，所以明大圣之德，通维初之道，埒略衰世古今之变，以褒先世之隆盛，而贬末世之曲政也。所以使人黜耳目之聪明，精神之感动，樽流遁之观[15]，节养性之和，分帝王之操，列小大之差者也。

《主术》者，君人之事也，所以因[作]任督责，使群臣各尽其能也。明摄权操柄，以制群下，提名责实，考之参伍，所以使人主秉数持要，不妄喜怒也。其数直施而正邪，外私而立公，使百官条通而辐辏，各务其业，人致其功。此主术之明也。

《缪称》者，破碎道德之论，差次仁义之分，略杂人间之事，总同乎神明之德；假象取耦，以相譬喻，断短为节，以应小具。所以曲说攻论，应感而不匮者也。

《齐俗》者，所以一群生之短修，同九夷之风气，通古今之论，贯万物之理，财制礼义之宜，擘画人事之终始者也。

《道应》者，揽掇遂事之踪，追观往古之迹，察祸福利害之反，考验乎老庄之术，而以合得失之势者也。

《氾论》者，所以箴缕縩繺之间[16]，攕揳唲齵之郄也[17]。接径直施[18]，以推本朴，而兆见得失之变，利病之反。所以使人不妄没于势利，不诱惑于事态，有符曮晲，兼稽时势之变，而与化推移者也。

《诠言》者，所以譬类人事之指，解喻治乱之体也。差择微言之眇，诠以至理之文，而补缝过失之阙者也。

《兵略》者，所以明战胜攻取之数，形机之势，诈谲之变，体因循之道，操持后[19]之论也。所以知战阵分争之非道不行也，知攻取坚守之非德不强也。诚明其意，进退左右，无所[失]击危[20]，乘势以为资，清静以为常，避实就虚，若驱群羊，此所以言兵也。

《说山》《说林》者，所以窍窕穿凿百事之壅遏，而通行贯扃万物之窒塞者也。假譬取象，异类殊形，以领理人之意，解堕结[细]纽，说[捍]择搏困[21]，而以明事埒事者也。

《人间》者，所以观祸福之变，察利害之反，钻脉得失之迹，标举终始之[坛]嬗也[22]。分别百事之微，敷陈存亡之机，使人知祸之为福，亡之为得，成之为败，利之为害也。诚喻至意，则有以倾侧偃仰世俗之间，而无伤乎谗贼螫毒者也。

《修务》者，所以为人之于道未淹，味论未深，见其文辞，反之以清静为常，恬淡为本，则懈堕分学，纵欲适情，欲以偷自佚，而塞于大道也。今夫狂者无忧，圣人亦无忧。圣人无忧，和以德也；狂者无忧，不知祸福也。故通而无为也，与塞而无为也，[同]其无为则同，其所以无为则异。故为之浮称流说其所以能听，所以使学者孳孳以自几也。

《泰族》者，横八极，致高崇，上明三光，下和水土，经古今之道，治伦理之序，总万方之指而归之一本，以经纬治道，纪纲王事。乃原心术，理性情，以馆[23]清平之灵，澄彻[24]神明之精，以与天和相婴[25]薄。所以览五帝三王，怀天[气]心抱[天心]地气，执中含和，德形于内，以莙[26]凝天地，发起阴阳，序四时，正流方。绥之斯宁，推之斯行。乃以陶冶万物，游化群生，唱而和，动而随，四海之内，一心同归，故景星见，祥风至，黄龙下，凤巢列树，麟止郊野。德不内形而行其法藉，专用制度，神祇弗应，福祥不归，四海不宾，兆民弗化。故德形于内，治之大本。此《鸿烈》之《泰族》也。

凡属书者，所以窥道开塞，庶后世使知举错取舍之宜适，外与物接而不眩，内有以处神养气，宴炀至和，而已自乐所受乎天地者也。故言道而不明终始，则不知所仿依；言终始而不明天地四时，则不知所避讳；言天地四时而不引譬援类，则不知精微；言至精而不原人之神气，则不知养生之机；原人情而不言大圣之德，则不知五行之差；言帝道而不言君事，则不知小大之衰；言君事而不为称喻，则不知动静之宜；言称喻而不言俗变，则不知合同大指已；言俗变而不言往事，则不知道德之应；知道德而不知世曲，则无以耦万方；知氾论而不知诠言，则无以从容；通书文而不知兵指，则无以应卒已；知大略而不知譬喻，则无以推明事；知公道而不知人间，则无以应祸福；知人间而不知修务，则无以使学者劝力；欲强省其辞，览总其要，弗曲行区入，则不足以穷道德之意。故著书二十篇，则天地之理究矣，人间之事接矣，帝王之道备矣。其言有小有巨，有微有粗，指奏卷异，各有为语。

今专言道，则无不在焉；然而能得本知末者，其唯圣人也。今学者无圣人之才，而不为详说，则终身颠顿乎混溟之中，而不知觉寤乎昭明之术矣。今《易》之乾坤，足以穷道通意也，八卦可以识吉凶知祸福矣，然而伏羲为之六十四变，周室增以六爻，所以原测淑清之道，而攟[27]逐万物之祖也。夫五音之数，不过宫、商、角、徵、羽，然而五弦之琴不可鼓也，必有细大驾和，而后可以成曲。今画龙首，观者不知其何兽也，具其形则不疑矣。今谓之道则多，谓之物则少，谓之术则博，谓之事则浅，推之以论，则无可言者。所以为学者，固欲致之不言而已也。夫道论至深，故多为之辞，以抒其情；万物至众，故博为之说，以通其意。辞虽坛卷连漫，绞纷远缓，所以洮汰涤荡至意[28]，使之无凝竭底滞，卷握而不散也。夫江河之腐胔，不可胜数，然祭者汲焉，大也；一杯酒[白]甘，蝇渍其中，匹夫弗尝者，小也。诚通乎二十篇之论，睹凡得要，以通九野，径十门，外天地，捭[29]山川，其于逍遥一世之间，宰匠万物之形，亦优游矣。若然者，挟日月而不姚[30]，润万物而不耗，曼兮洮兮，足以览矣，藐兮浩兮旷旷兮，可以游矣。

文王之时，纣为天子。赋敛无度，杀戮无止，康梁[31]沉湎，宫中成市，作为炮烙之刑，刳谏者，剔孕妇，天下同心而苦之。文王四世累善，修德行义，处岐周之间，地方不过百里，天下二垂归之。文王欲以卑弱制强暴，以为天下去残除贼，而成王道，故太公之谋生焉。文王业之而不卒，武王继文王之业，用太公之谋，悉索薄赋，躬擐甲胄，以伐无道而讨不义；誓师牧野，以践天子之位。天下未定，海内未辑，武王欲昭文王之令德，使夷狄各以其贿来贡，辽远未能至；故治三年之丧，殡文王于两楹之间，以俟远方。武王立三年而崩，成王在褓褓之中，未能用事。蔡叔、管叔辅公子禄父，而欲为乱；周公继文王之业，持天子之政，以股肱周室，辅翼成王。惧争道之不塞，臣下之危上也，故纵马华山，放牛桃林，败鼓折枹，搢笏而朝，以宁静王室，镇抚诸侯。成王既壮，能从政事，周公受封于鲁，以此移风易俗。孔子修成、康之道，述周公之训，以教七十子，使服其衣冠，修其篇籍，故儒者之学生焉。

墨子学儒者之业，受孔子之术，以为其礼烦扰而不[说]悦[32]，厚葬靡财而贫民，久服[33]伤生而害事，故背周道而用夏政。禹之时，天下大水，禹身执虆[垂]臿[34]，以为民先，剔河而道九岐[35]，凿江而通九路，辟五湖而定东海。当此之时，烧不暇撌[36]，濡不给扢[37]，死陵者葬陵，死泽者葬泽，故节财薄葬，闲服[38]生焉。

齐桓公之时，天子卑弱，诸侯力征，南夷北狄交伐中国，中国之不绝如线。齐国之地，东负海而北障河，地狭田少，而民多智巧。桓公忧中国之患，苦夷狄之乱，欲以存亡继绝。崇天子之位，广文武之业，故管子之书生焉。

齐景公内好声色，外好狗马，猎射亡归，好色无辨。作为路寝之台，族[39]铸大钟，撞之庭下，郊雉皆呴[40]。朝用三千钟赣[41]。梁丘据、子家哙导于左右[42]。故晏子之谏生焉。

晚世之时，六国诸侯，溪异谷别，水绝山隔。各自治其境内，守其分地，握其权柄，擅其政令。下无方伯，上无天子，力征争权，胜者为右。恃连与[43][国]约重致[44]，剖信符，结远援，以守其国家，持其社稷。故纵横修短生焉。

申子者，韩昭厘之佐。韩，晋别国也，地墽[45]民险，而介于大国之间。晋国之故礼未灭，韩国之新法重出，先君之令未收，后君之令又下；新故相反，前后相缪，百官背乱，不知所用。故刑名之书生焉。

秦国之俗，贪狼强力，寡义而趋利。可威以刑，而不可化以善；可劝以赏，而不可厉以名。被险而带河，四塞以为固，地利形便，畜积殷富。孝公欲以虎狼之势，而吞诸侯，故商鞅之法生焉。

若刘氏之书[46]，观天地之象，通古今之事，权事而立制，度形而施宜，原道德之心，合三王之风，以储与[47]扈冶。玄眇之中，精摇靡览[48]，弃其畛挈[49]，斟其淑静，以统天下，理万物，应变化，通殊类；非循一迹之路，守一隅之指，拘系牵连[之]于物，而不与世推移也。故置之寻常而不塞，布之天下而不窕。

[1]作鸿烈之书二十篇，略数其要，明其所指，序其微妙，论其大体，故曰要略。 [2]才：古与“哉”通。 [3]大宗：事本也。 [4]卢牟：犹规模也。 [5]轸：道眕也。 [6]瀸（jiān）渍：犹渐渍也。 [7]耦：通也。 [8]羸：绕匝也。坪：摩烦也。 [9]逥：亦通也。通逥造化之母：谓通乎造化之原也。 [10]中国以鬼神之亡日忌，北胡南越皆谓之请龙。龙，古同“龙”。 [11]惎（jì）：教也。 [12]挢（jiǎo）：取也。 [13]浸：微视也。肖：物似也。类：众也。 [14]与：如也。 [15]樽：止也。流遁：披散也。 [16]缫，高注：“绡煞也”。不明其旨，疑有脱误。“缴”字音义未详。或疑作“綵”，衣破也。（缫字通常读若菜，衣声也。） [17]攕（xiē）：拭也。揳（xiè）：塞也。哯齵：错梧也。郄：隙也。“郤”本字。 [18]施：邪也。 [19]持后：不敢为主而为客也。 [20]击危：犹言违碍也。[21]堕：解也。择：同“释”。摶困：卷束之名。 [22]嬗：传也。 [23]馆：舍也。[24]澄：清也。彻：澄别清浊也。 [25]嬰：绕抱也。 [26]莙：或作“苍莙”，藻之叶细如丝者。 [27]攟（jūn）：同“攟”，又作“捃”，取也。 [28]此状其词之曲折而广博也。坛卷连漫：亦可云连卷坛漫。连卷：长回貌；坛漫：纵逸也。汰：达也。 [29]捭（bǎi）：屏去也。 [30]姚：“窕”之假字。《本经篇》注云：窕，不满密也，即姚字之义。挟，读为浃，周匝也。 [31]康梁：耽乐也。 [32]侻（tuō）：简易也。 [33]久服：言居丧久也。 [34]蔂（léi）：谓盛土笼

也。亦读如螺。臿：今之锹也。 [35]剔：泄去也。言河水播歧为九以入海也。 [36]撌（guì）：排去也。 [37]扢（gǔ）：拭也。 [38]闲：与“简”同；简服：谓三月之服也。 [39]族：聚也。 [40]呴（xū）：雉鸣也。 [41]十斛为钟。赣：赐也。言一朝赐群臣之费，三万斛也。 [42]二人皆景公臣。 [43]连与：犹今言联盟国也。 [44]致，读为质。质剂，谓两书一札，同而别之，盖即今之券书也。
[45]墽（qiāo）：土壤坚硬贫瘠。 [46]淮南王自谓其书也。
[47]储与：犹摄业也。 [48]楚人谓精进为“精摇”。靡览：言小大靡不览也。 [49]楚人谓滓浊为“眵挈（qiè）”。